María Lourdes Vellón Nogueira

La pena de prisión en España

María Lourdes Vellón Nogueira

La pena de prisión en España

Tras la reforma penal de 2015

PUBLICIA

Impressum / Aviso legal
Bibliografische Information der Deutschen Nationalbibliothek: Die Deutsche Nationalbibliothek verzeichnet diese Publikation in der Deutschen Nationalbibliografie; detaillierte bibliografische Daten sind im Internet über http://dnb.d-nb.de abrufbar.

Información bibliográfica de la Deutsche Nationalbibliothek: La Deutsche Nationalbibliothek clasifica esta publicación en la Deutsche Nationalbibliografie; los datos bibliográficos detallados están disponibles en internet en http://dnb.d-nb.de.

Coverbild / Imagen de portada: www.ingimage.com

Verlag / Editorial:
PUBLICIA
ist ein Imprint der / es una marca de
OmniScriptum GmbH & Co. KG
Bahnhofstraße 28, 66111 Saarbrücken, Deutschland / Alemania
Email / Correo Electrónico: info@omniscriptum.com

Herstellung: siehe letzte Seite /
Publicado en: consulte la última página
ISBN: 978-3-639-64995-6

A mi madre.

“Las cárceles en el mundo entero son un absurdo trágico:

palomas con alas de plomo y cianuro en el alpiste”,

Antonio Beristain.

ÍNDICE

1. INTRODUCCIÓN 6

2.1. Edad Antigua 7
2.2. Edad Media 8
2.2.1. El caso español 9
2.2.2. Las prisiones de las jurisdicciones especiales en España 9
2.3. Edad Moderna 10
2.4. Edad Contemporánea 11
2.4.1. El caso estadounidense 13
2.4.2. El caso español 14
2.4.3. El caso alemán 15
2.4.4. La etapa de los excesos 15
2.4.5. Tras la Segunda Guerra Mundial 16
2.4.6. Legislación internacional a finales del siglo XX 16

3. FUNCIONES 18

3.1. Funciones del Derecho penal 18
3.1.1. Función instrumental 18
3.1.2. Función ético-social 18
3.1.3. Función penal simbólica 19
3.1.4. Función promocional 19
3.2. Funciones de la pena 20
3.2.1. Teorías absolutas 20
3.2.2. Teorías relativas 21
3.2.2.1. Prevención general 21
3.2.2.2. Prevención especial 22
3.2.3. Teorías mixtas 24
3.3. Funciones de la pena de prisión 25

4. ORGANIZACIÓN DEL RÉGIMEN PENITENCIARIO 28

4.1. Separación de los internos 28
4.2. Clasificación de los penados 29
4.2.1. El primer grado 30
4.2.2. El segundo grado 32
4.2.3. El tercer grado 33

5. LIMITACIONES A LA PENA DE PRISIÓN 38

5.1. El respeto a los derechos fundamentales 38
5.1.1. Derecho a la vida y a la integridad física y moral 39
5.1.2. Derecho a la intimidad 41
5.1.3. Derecho al secreto de las comunicaciones 44
5.1.4. Derecho a la tutela judicial efectiva 47
5.2. La prohibición de la tortura y de penas o tratos crueles 50
5.2.1. En el Derecho español 50
5.2.2. En el Derecho internacional 51
5.2.3. La situación *de facto* 54

6. DURACIÓN DE LA PENA DE PRISIÓN 57

6.1. Privaciones de libertad de larga duración 58
6.2. La prisión perpetua 60

7. EFECTOS PSICOLÓGICOS Y SOCIALES DE LA PENA DE PRISIÓN 64

7.1. Efectos psicológicos 64
7.1.1. Efectos sobre el comportamiento individual 64
7.1.2. Efectos sobre el comportamiento global 65
7.2. Efectos sociales 66
7.2.1. La problemática de la exclusión social 66
7.2.2. Prisión y exclusión social 67

8. PRISIÓN Y REINSERCIÓN SOCIAL 70

9. ALTERNATIVAS A LA PENA DE PRISIÓN 76

9.1. Suspensión 77

9.1.1. Suspensiones generales 77

9.1.2. Suspensiones para casos específicos 80

En último lugar cabe mencionar una serie de excepciones establecidas en el Código Penal, referentes a penados terminales, a penados alcohólicos o toxicómanos y a condenados por delitos relacionados con la violencia de género. 80

9.1.2.1. Penados terminales 81

9.1.2.2. Penados alcohólicos o drogodependientes 81

9.1.2.3. Penados agresores de género 81

9.2. Sustitución 82

9.2.1. Sustituciones generales 82

9.2.1.1. Localización permanente 86

9.2.1.2. Multa 87

9.2.1.3. Trabajos en beneficio de la comunidad 88

9.2.2. Sustituciones para casos específicos 91

9.2.2.1. Penados alcohólicos o drogodependientes 92

9.2.2.2. Penados agresores de género 92

10. LIBERTAD CONDICIONAL 94

11. CONCLUSIONES FINALES 100

BIBLIOGRAFÍA 102

APÉNDICE DE INSTRUMENTOS NORMATIVOS INTERNOS 107

APÉNDICE DE INSTRUMENTOS INTERNACIONALES 108

APÉNDICE DE RESOLUCIONES JUDICIALES 109

INFORMES 111

1. INTRODUCCIÓN

Como bien sabemos, la pena de prisión es una pena privativa de libertad[1], consistente en que el condenado debe permanecer ingresado en un centro penitenciario durante el tiempo que se haya establecido en la sentencia condenatoria. O bien como la define el doctor Marco Antonio Terragni:

> "La pena consiste siempre en un mal que se traduce en la afección de un bien jurídico del condenado. En este caso [de la pena de prisión] el bien jurídico en cuestión es la libertad ambulatoria"[2].

O según la descripción que brinda Luis Roca Agapito:

> "La pena de prisión [es] la pena privativa de libertad de ejecución continuada, que se cumple, por regla general, en un establecimiento penitenciario y bajo un determinado régimen de vida"[3].

De las penas privativas de libertad, la pena de prisión es la sanción más común y más radical en el mundo occidental, de ahí, que en el Ordenamiento Jurídico español, sólo sea aplicable a los delitos, y nunca a las faltas, pues como dicen los doctores Falcón y Tella:

> "No es poco privar a alguien de su libertad. Es un mal extremadamente penoso el estar encerrado, el no poder ir y venir a donde nos plazca, el no estar al aire libre, el no encontrar a nuestros conocidos. Se trata de un contrasentido, que choca con la personalidad y la sociabilidad humanas, el imponer un sufrimiento estéril"[4].

Por todo esto, hemos considerado interesante versar nuestro estudio en torno a ella.

---

[1] El artículo 35 de la Ley Orgánica 10/1995, de 23 de noviembre, del Código Penal, en virtud de la redacción efectuada por el número tres del artículo único de la Ley Orgánica 15/2003, de 25 de noviembre establece lo siguiente: "Son penas privativas de libertad la prisión, la localización permanente y la responsabilidad personal subsidiaria por impago de multa".

[2] Terragni, M. A., *Muerte - Prisión y otras sanciones penales*, Rosario, Zeus Editora, 1990, p. 93.

[3] Roca Agapito, L., *El sistema de sanciones en el Derecho penal español*, Barcelona, Bosch Editor, 2007, p. 128.

[4] Falcón y Tella, M. J. y Falcón y Tella, F., *Fundamento y finalidad de la sanción: ¿un derecho a castigar?*, Madrid, Marcial Pons, 2005, pp. 113 y 114.

2. EVOLUCIÓN HISTÓRICA

En primer lugar, y para comprender adecuadamente la situación actual de la pena de prisión, se hace necesario dedicar unas líneas a los orígenes y al desarrollo que ha sufrido tanto en el Derecho español como en el ámbito comparado.

2.1. Edad Antigua

En esta época histórica no se puede considerar la cárcel como un lugar de cumplimiento de las penas, puesto que prácticamente todas desembocaban en la muerte.

Las primeras apariciones de la pena de prisión las podemos encontrar en las civilizaciones más antiguas como Egipto, Persia y Babilonia, donde la prisión era un lugar de custodia hasta que tuviera lugar el juicio. Y en muchas ocasiones, se utilizaba el internamiento del criminal para sonsacarle información del hecho delictivo mediante tortura.

Ya en la Grecia Clásica, existía la tendencia de privar de libertad a los individuos con la finalidad de asegurar algún interés frente a ellos, lo que se denominaba *prisión por deudas*, equivalente de la actual prisión preventiva, pues se retenía a los deudores hasta que satisficieren sus adeudos[5].

Por otra parte, en la Roma Clásica, se concebía el internamiento únicamente como medida preventiva, de modo que los acusados estuvieran seguros durante la instrucción del proceso, y presentes para la ejecución de la pena, en su caso. También aplicaban los romanos, cuando lo estimaban oportuno, la prisión por deudas —heredada de los griegos—, así como la pena de *ergastulum*, consistente en la reclusión de los esclavos por su *dueño* en un local destinado a este fin, siendo el *paterfamilias* quien decidía si la pena era temporal o perpetua.

---

[5] A este respecto ver, Peña Mateos, J., "Antecedentes de la prisión como pena privativa de libertad en Europa hasta el siglo XVII", en vv.aa., *Historia de la prisión. Teorías economicistas. Crítica*, Madrid, Edisofer, 1997, p. 64.

2.2. Edad Media

En esta época la idea de la pena de privación de libertad todavía no había aparecido tal y como la conocemos en la actualidad, sino que dicha privación simplemente tenía un carácter asegurativo.

Sin embargo, Cuello Calón hace referencia a una fugaz aparición de la prisión en la Edad Media tras examinar un edicto de Luitprando, Rey de los Lombardos, en el que se establecía que cada juez debía tener en su ciudad una cárcel para aprisionar a los ladrones por un periodo de hasta dos años[6].

Asimismo, en las leyes punitivas de la República de Lucca, publicadas en esta ciudad en el año 1640, la prisión ya aparecía como pena sustantiva y no, sencillamente, como una custodia preventiva[7].

Además, otra excepción a la regla de la cárcel de custodia la constituían las prisiones de estado y la prisión eclesiástica, ambas empleadas para la retención de personas que gozaban de ciertas prerrogativas.

Por una parte, en la prisión de estado sólo eran retenidos los enemigos del poder real que hubieran cometido delito de traición. Esta modalidad de prisión podía consistir bien en una cárcel de custodia, para aquellos reos que estuvieran esperando la pena capital; o bien en una detención temporal o incluso perpetua. En este último caso ya podemos observar perfectamente que aparece la privación de libertad como pena autónoma.

Y por otra parte, la prisión eclesiástica o *detrusio in monasterium*[8], consistía en la reclusión en un monasterio de los clérigos que hubieran infringido una norma eclesiástica, y era la pena principal del Derecho canónico. Debemos destacar que esta idea eclesiástica de que mediante el encierro y la oración se consigue la rectificación del reo, constituyó un significativo precedente de la prisión moderna.

---

[6] Cuello Calón, E., *La moderna penología*, Barcelona, Bosch, 1958, p. 300.

[7] Peña Mateos, J., "Antecedentes de la prisión…", *cit.*, p. 67.

[8] Sobre el tema *vid.*, Garrido Guzmán, L., *Manual de ciencia penitenciaria*, Madrid, Edersa, 1983.

2.2.1. El caso español

En la segunda mitad del siglo XIII, el rey Alfonso X El Sabio ordenó redactar un cuerpo normativo, conocido como *Las Siete Partidas*, que se convertiría en la más importante legislación medieval hispana referente al internamiento de los delincuentes (con un fin meramente reclusor)[9]. Dicha legislación establecía la edad penal en los diez años y medio[10], existiendo no obstante grandes distinciones según la clase social del infractor, lo cual se percibe claramente de esta cláusula:

> "(...) que el que fuere ome horrado por linaje, o por riqueza, o por sciencia que oviese, que lo non deven meter en cárcel, nin en otra prisión[11]".

Las Siete Partidas también regulaban la prisión preventiva, destinada a aquellos reos que se encontraban a la espera de ser juzgados por infracciones que les habían sido atribuidas por el Rey o por sus delegados[12]. Y el plazo máximo de detención era de dos años.

Además, cabe destacar que las prisiones no eran gratuitas, sino que los reos tenían que sufragarse los servicios mínimos para su propia subsistencia, tales como la comida, las camas y las mantas[13]. De ahí que dijera Quevedo que la cárcel "servía de heredad y bolsa a los que la tenían a su cargo"[14].

2.2.2. Las prisiones de las jurisdicciones especiales en España

Es interesante hacer una breve mención a los aforamientos jurídicos medievales, es decir, a las personas que, por el simple motivo de pertenecer a un determinado estamento social, podían eludir la jurisdicción ordinaria.

---

[99] Ruiz Rodríguez, I., "Evolución histórica de las penas privativas de libertad", en vv.aa., *Historia de la prisión. Teorías economicistas. Crítica*, Madrid, Edisofer, 1997, p. 81.

[10] Tomás y Valiente, F., *El Derecho penal en la monarquía absoluta (siglos XVI, XVII y XVIII),* Madrid, Tecnos, 1992, p. 340.

[11] Partidas, VII, XXIX, 5.

[12] Ruiz Rodríguez, I., "Evolución histórica de las penas...", *cit.*, p. 82.

[13] *Ibid.*, p. 87.

[14] *Vid.* Quevedo, F., *La hora de todos*, XIII, Madrid, Luarna Ediciones S.L., 2010, p. 29.

Una de las jurisdicciones más relevantes era la de los Señoríos, sobre tierras y gentes. También gozó de gran importancia la jurisdicción eclesiástica, que comprendía el Tribunal de la Santa Inquisición, cuyos tribunales conocían de las causas en las que estaban implicados miembros de la Iglesia. Asimismo, las universidades tenían fueros especiales, cuyas normas jurídicas propias vinculaban a la propia institución y a sus integrantes. Y por último, pero no por ello menos relevante, existía el fuero militar, a cuyos privilegios se acogían los miembros del ejército.

Estas jurisdicciones especiales poseían sus propias prisiones, y las condiciones de los presos variaban enormemente de unas a otras[15].

2.3. Edad Moderna

En los siglos XVI y XVII aparecieron en Alemania, Suiza y Holanda las primeras casas de corrección. Se trataba de edificios dedicados a albergar mendigos, prostitutas, vagos y jóvenes rebeldes, en los que se les custodiaba y se buscaba su rectificación.

Y en la segunda mitad del siglo XVII, adquirieron un gran éxito las denominadas *workhouse*, las cuales son consideradas por la mayoría de los autores, el auténtico antecedente de las cárceles actuales[16]. En ellas el fin educativo se basaba principalmente, como su propio nombre indica, en el trabajo ininterrumpido de los allí confinados. La duración de las detenciones no tenía límites, sino que el reo únicamente salía cuando estaba *corregido* o cuando ya no era útil para el trabajo que le había sido encargado.

Cabe aquí hacer alusión al revelador lema escrito en las fachadas de todas las casas correccionales femeninas holandesas, que decía así:

> "No temáis, no vengo el delito, sólo obligo a ser bueno".

Por otra parte, debemos hacer mención al caso español, ya que en el siglo XV en España, con el reinado de los Reyes Católicos, tuvo lugar una creciente preocupación

[15] Ruiz Rodríguez, I., "Evolución histórica…", *cit.*, p. 89.

[16] Peña Mateos, J., "Antecedentes de la prisión…", *cit.*, p. 73.

por los excesos que se estaban cometiendo en las prisiones, y por ello se establecieron controles periódicos administrativos externos sobre las autoridades carcelarias, los cuales quedaron patentes en una Real Pragmática del año 1480, que disponía lo siguiente:

> "Que el sábado de cada semana dos de nuestro Consejo vayan a las nuestras cárceles, a entender y ver los procesos de los presos que en ellas penden, así civiles como criminales, juntamente con nuestros Alcaldes; y sepan la razón de todos ellos, y hagan justicia brevemente, y se informen brevemente del tratamiento que se hace a los presos, y no den lugar en su presencia sean maltratados por los Alcaldes sino cuando se la pidieren los del Consejo. Y mandamos que uno de los que visitaren la semana pasada vaya al siguiente con otro, y así por su orden se hagan continuamente las visitas"[17].

2.4. Edad Contemporánea

A finales del siglo XVIII, pensadores y filósofos ilustrados como Rosseau, Montesquieu, Diderot y Voltaire, entre otros, comenzaron a ver materializadas sus propuestas humanitarias al ir cediendo paso los castigos físicos a la pena de la reclusión.

Indica el filósofo francés Michel Foucault que es en esta época cuando surge la ordenación jurídica de la administración del sistema penitenciario[18]. También señala Cuello Calón[19] que fue en este momento cuando surgió la aparición del movimiento abolicionista —propugnado por Beccaria— de la supresión de las penas corporales y de su sustitución por las penas privativas de libertad.

Fue en el año 1764[20] cuando el marqués de Beccaria dio a conocer al mundo su obra *De los delitos y las penas*, en la que expuso todos sus argumentos en contra de la pena capital. Su crítica al sistema de ejecución de las sanciones marcó el camino del Derecho penal, pues su fin era humanizar las penas, incorporando legalidad y

[17] Novísima Recopilación, Libro XII, Título XXXIX, Ley I.

[18] Foucault, M., *Vigilar y castigar*, México, Siglo XXI, 1996, pp. 300 y ss.

[19] Cuello Calón, E., *Derecho penal. Parte general*, Tomo I, Barcelona, Bosch, 1945, p. 654.

[20] A pesar de que en ese momento aún restaban veinticinco años para la explosión de la Revolución Francesa y, por lo tanto, para el comienzo de lo que ahora venimos denominando Edad Contemporánea, nos parece oportuno, por ser el marqués de Beccaria un adelantado a su tiempo y por vivir a caballo entre dos épocas históricas, incluir la referencia a su obra en este epígrafe.

racionalidad en su ejecución, en relación con el daño social que hubiera causado el hecho punible, pero sin diferenciación según la clase social a la que perteneciera el delincuente. De este modo, su propuesta primordial no fue el castigo, sino la prevención del delito, y por ello entendía que la pena de muerte debía ser evitada en la medida de lo posible. No obstante, el marqués no abogaba por una supresión absoluta de la misma, sino que en el título XVI de su libro declaraba lo siguiente:

> "No puede considerarse necesaria la muerte de un ciudadano más que por dos motivos. El primero, cuando aún privado de su libertad tenga todavía tales relaciones y tal poder, que interese a la seguridad de la nación; cuando su existencia pueda producir una revolución peligrosa a la forma de gobierno establecida [...], el segundo, cuando su muerte fuese el verdadero y único freno para disuadir a los demás"[21].

Las ideas de Beccaria hicieron que el mundo de las ideas jurídico-penales se modificara de forma decisiva, pues al considerar, de manera general, innecesaria la pena de muerte, la pena de prisión cobró una gran importancia como modo de proteger a la sociedad de quien intentara dañarla[22].

Y es que existía la necesidad de transformar la forma de ejercer la justicia, aumentando los controles y previendo intervenciones anticipadas a la comisión de los delitos, y a este respecto señala Foucault:

> "No se pretende castigar menos, sino castigar mejor; castigar con una severidad atenuada quizá, pero para castigar con más universalidad y necesidad; introducir el poder de castigar más profundamente en el cuerpo social"[23].

Parece razonable pensar que el gran cambio producido en las cárceles estaba íntimamente ligado a los cambios económicos y sociales que se estaban produciendo, tales como la Revolución Industrial y la Revolución Francesa, donde la libertad empezaba a jugar un relevante papel.

---

[21] Beccaria, C., *De los delitos y las penas*, Madrid, Aguilar, 1974.

[22] Gamboa de Trejo, A., *La pena de prisión (teoría y prevención)*, Xalapa, Dirección Editorial de la Universidad Veracruzana, 2005, p. 29.

[23] Foucault, M., *Vigilar y castigar*, *op. cit.*, p. 350.

En este punto, resulta interesante apuntar que para García Valdés, el primer país en utilizar las cárceles como instrumento de pena, y ya no sólo como instrumento de custodia de los reos, fue el Reino Unido, seguido muy de cerca por Holanda[24].

2.4.1. El caso estadounidense

No obstante, fue en Estados Unidos a finales del siglo XVIII y comienzos del XIX donde se produjo un gran despliegue inventivo penitenciario pues, por ejemplo, la Sociedad Penitenciaria de Filadelfia, en el año 1787, logró crear en una de sus prisiones, un sistema de completo aislamiento de los reos, cuyo único contacto con el exterior se reducía a las visitas de los funcionarios de prisiones. Sin embargo, en 1823 dicho sistema fue sustituido por el llamado *silent system*, consistente en la separación de los presos durante la noche y en el trabajo en común durante el día, llevado a cabo con riguroso silencio. Durante el siglo XIX, este experimento fue considerado por los gobiernos europeos como el invento del siglo[25].

Además, en 1818 se fundó en Pensilvania una prisión con celdas oscuras que facilitaban el total aislamiento de los presos. Pero once años después, se comenzó a aplicar un sistema que combinaba el aislamiento celular y los trabajos forzados, durante la realización de los cuales los presos no podían mirarse a la cara, para evitar así cualquier atisbo de comunicación.

Por otra parte, es interesante referir que ya a mediados del siglo XIX, y también en EEUU, se inició un movimiento penitenciario preocupado por la corrección de los delincuentes juveniles[26], y que después sería trasladado a Europa. En estos centros penitenciarios, del tipo reformatorio, se empleaban métodos de carácter físico, la instrucción, el trabajo y la enseñanza religiosa, y se pretendía la readaptación social del delincuente.

Pero no fue hasta 1870 cuando los estadounidenses cambiaron su sistema por el denominado *progresivo*, basado en el uso de diversos mecanismos para una

[24] García Valdés, C., *Estudios de Derecho penitenciario*, Madrid, Tecnos, 1982, p. 33.

[25] Así lo indica Garrido Guzmán en su obra *Manual de ciencia penitenciaria*, *op. cit.*, p. 132.

[26] Tamarit Sumalla, J. M., y otros, *Curso de Derecho penitenciario*, Valencia, Tirant lo Blanch, 2001, p. 24.

rehabilitación gradual, y con un espíritu similar al que imbuye al actual sistema penitenciario español, como veremos *ut infra*.

2.4.2. El caso español

Llegados a este punto, cabe hacer una breve mención a la aportación del Coronel Montesinos y Molina a la historia de las penitenciarías.

El mencionado militar era director del Centro Penitenciario de Valencia desde el año 1834 y dividió las condenas de prisión en tres etapas —implantando de este modo en nuestro país la idea de un sistema penitenciario progresivo—, a saber:

1°. La etapa de hierros o aislamiento.

2°. La etapa del trabajo a elección del reo, que podía elegir entre las múltiples tareas que había dentro del establecimiento.

3°. La etapa de la libertad intermedia, durante la cual los presos salían a trabajar como obreros libres por la ciudad.

Lo cierto es que Montesinos y Molina tenía alma de humanista, lo que claramente se desprende de esta reflexión suya:

> "Perfeccionar al hombre es hacerlo más sociable; todo lo que tienda a destruir o entorpecer su sociabilidad, impedirá su mejoramiento. Por esto las penas, lejos de atacar su sociabilidad deben favorecer este principio, fomentando su acrecentamiento. El objeto de los castigos no es la expiación del crimen sino la enmienda, porque el oficio de la justicia no es vengar sino corregir"[27].

A través de esta máxima, comprendemos que Montesinos, ya en el siglo XIX, era contrario a la pena como retribución. Y su sistema fue tan exitoso y aportó tan excelentes resultados que llegó a considerarse como un milagro de la ciencia penitenciaria, ya que la obediencia de más de mil presos era conservada sin necesidad

---

[27] Montesinos y Molina, M., "Bases en las que se apoya mi sistema penal", en *Revista de Estudios Penitenciarios*, número 159, 1962, p. 290.

de guardias ni candados, llegando incluso a eliminarse la reincidencia en los últimos años de su puesta en marcha.

2.4.3. El caso alemán

En Alemania fue director de la prisión de Munich George Michael von Obermayer, quien comenzó a experimentar en la misma, a partir del año 1842, otra modalidad de sistema progresivo, que también se dividía en tres fases. Veamos:

1º. La fase de la vida en común de los presos bajo la estricta obligación del silencio. Durante esta fase, se observaba la personalidad del reo.

2º. La fase de inclusión en un grupo heterogéneo de internos para la realización de trabajos[28]. La necesaria heterogeneidad del grupo se debía a la naturaleza de la sociedad en el mundo externo, ya que de otra manera, según Obermayer, se crearía un clima falso en prisión, el cual perjudicaría el reingreso de los internos a la vida en libertad.

3º. La fase de libertad anticipada.

2.4.4. La etapa de los excesos

Con el nacimiento del nazismo surgió, en la primera mitad del siglo XX, la denominada *Escuela de Kiel*, la cual encuentra a sus más férreos representantes en los penalistas Georg Dahm y Friedrich Schaffsteim, cuyos razonamientos penitenciarios se ajustaban a las exigencias del Tercer Reich.

Durante el nacionalsocialismo se abandonó la práctica del sistema penal del hecho, para dar paso a un sistema de autor, en virtud del cual, y según Georg Dahm, una persona no cometía, por ejemplo, un delito de robo, sino que sencillamente era un ladrón. Por ello sostenía que el tratamiento penitenciario más adecuado era la aplicación

---

[28] Garrido Guzmán, L., *Manual de ciencia penitenciaria*, *op. cit.*, p. 135.

de medidas tales como la anulación del individuo, mediante la limpieza étnica; la eliminación de su prole, mediante la esterilización; o la anulación de sus posibilidades de seguir actuando, mediante la realización de lobotomías y castraciones.

Y es que esta escuela entendía que los mencionados tratamientos eran los adecuados para proteger a la sociedad de las conductas de determinados individuos, los cuales representaban anormalidades sociales basadas en las deficiencias raciales.

2.4.5. Tras la Segunda Guerra Mundial

Finalizada la Segunda Guerra Mundial, comenzó un proceso de concienciación sobre los derechos humanos con el que volvía a cobrar importancia la idea de la resocialización de los presos.

Y así surgió el debate sobre cómo enfocar el sistema penitenciario hacia la reinserción social de los reos. En este punto, el abogado y criminólogo Elías Neumann señaló que:

> "La reinserción social del delincuente se apoya en la individualización de la pena, la que resulta, primero, de la individualización judicial, en donde se toma en cuenta la norma violada, el motivo, los medios con los que se concretó el delito, las circunstancias que muestran el grado de peligrosidad del acusado, el resultado del delito y la conducta posterior de la persona"[29].

Entendiendo que tras el cumplimiento de la pena asignada a cada reo debería dar comienzo una fase consistente en un tratamiento resocializador.

2.4.6. Legislación internacional a finales del siglo XX

En 1948 se firmó la Declaración Universal de los Derechos Humanos, que en su artículo 9 prohíbe la arbitrariedad de las detenciones, en el artículo 10 establece el derecho de toda persona acusada de delito a ser oída por un tribunal independiente e imparcial, en el 11.1 reconoce el derecho a la presunción de inocencia y a un proceso

[29] Neumann, E., *Mediación y conciliación penal*, Buenos Aires, Depalma, 1997, p. 22.

con todas las garantías y en el número dos de este artículo establece los principios de legalidad y de irretroactividad de las penas.

En el año 1955 se celebró en Ginebra el I Congreso de Naciones Unidas sobre la Prevención del Delito y Tratamiento del Delincuente[30], en el que se adoptaron las Reglas Mínimas para el tratamiento de los reclusos, aprobadas en 1957 por el Consejo Económico y Social.

En 1969 se firmó la Convención Americana sobre Derechos Humanos, también conocida como Pacto de San José, que en su artículo 8 señala una serie de garantías judiciales, en el precepto 9 establece los principios de legalidad y de retroactividad a favor del reo, y en el 10 fija el derecho a ser indemnizado de todo ciudadano condenado por error judicial en sentencia firme.

Asimismo, en 1973 se introdujeron en el Viejo Continente, a través del Consejo de Europa, las Reglas Mínimas para el tratamiento de los reclusos, que pretendían adaptar a las condiciones europeas las Reglas Mínimas de las Naciones Unidas.

En 1974 se aprobó la Ley Sueca Penitenciaria, que pretendía desjudicializar la materia penitenciaria y aportar al Estado una serie de recursos materiales con los que hacer frente al tratamiento y reinserción de los reos, impulsando sus derechos fundamentales en aras de su resocialización.

Dicha ley influyó notoriamente en el resto del continente[31], ya que en Italia se publicó la Ley Penitenciaria de 1975; en Alemania la Ley Alemana de Ejecución Penal de 1976; y la Constitución española de 1978 constitucionalizó sus principios básicos en el artículo 25.2[32] como derechos fundamentales.

---

[30] En la actualidad, cada cinco años, la Organización Internacional de las Naciones Unidas celebra congresos internacionales para la prevención del delito.

[31] García Valdés, C., *Comentarios a la legislación penitenciaria*, Madrid, Civitas, 1982, p. 19.

[32] Artículo 25.2 de la Constitución española:

> "Las penas privativas de libertad y las medidas de seguridad estarán orientadas hacia la reeducación y reinserción social y no podrán consistir en trabajos forzados. El condenado a pena de prisión que estuviere cumpliendo la misma gozará de los derechos fundamentales de este Capítulo, a excepción de los que se vean expresamente limitados por el contenido del fallo condenatorio, el sentido de la pena y la ley penitenciaria. En todo caso, tendrá derecho a un trabajo remunerado y a los beneficios correspondientes de la Seguridad Social, así como al acceso a la cultura y al desarrollo integral de su personalidad".

3. FUNCIONES

En primer lugar se presenta como básico, antes de continuar con este estudio, dedicar unas líneas a las distintas funciones que hasta la actualidad, se ha señalado que cumple el Derecho penal, para poder comprender mejor, a continuación, la finalidad de las penas y, en concreto, la finalidad de la pena de prisión, tema cumbre de nuestra investigación.

3.1. Funciones del Derecho penal

La doctrina ha venido asignando hasta cuatro funciones distintas al Derecho penal, si bien la función que lo legitima es la instrumental, como veremos.

3.1.1. Función instrumental

Tradicionalmente se ha venido hablando de la función instrumental como básica del Derecho penal y legitimadora de su existencia.

Mediante esta función se trata de proteger los bienes jurídicos y así conseguir el mantenimiento de la paz social, porque sirve de árbitro final a la hora de permitir o no determinados comportamientos de los ciudadanos.

3.1.2. Función ético-social

Existe un sector doctrinal, representado por el filósofo y jurista alemán Hans Welzel, que entiende que el Derecho penal es un instrumento de creación de una ética social, es decir, que mediante la creación de normas se van configurando los valores que la sociedad debe respetar.

Pero esta función ético-social del Derecho penal está en contradicción con la función instrumental, porque si bien el Código Penal es el mínimo ético de una sociedad, debemos partir de la base de que la ética es algo que se crea espontáneamente en la sociedad a medida que ésta va evolucionando, y que en un momento dado afloran nuevos bienes jurídicos que la propia sociedad reclama proteger y que quizás en otro momento histórico no existían, porque, como sabemos, el Derecho es un producto histórico y social que se encuentra en constante evolución.

Y por ello, nos parece más razonable que una vez que nace un nuevo bien jurídico, se cree una norma para protegerlo y no al contrario.

3.1.3. Función penal simbólica

La función penal simbólica se cumple al mismo tiempo que la instrumental.

El problema subyace cuando se crea Derecho penal puramente simbólico y no instrumental al mismo tiempo, porque ello significa que se crean normas penales innecesarias que no responden a una realidad, que se crean tipos penales nuevos que nunca se van a poder aplicar.

3.1.4. Función promocional

Los partidarios de esta idea de la función promocional —en su gran mayoría filósofos del Derecho italianos, entre los que destaca el jurista, filósofo y politólogo Norberto Bobbio— entienden que el Derecho penal sirve para dinamizar una sociedad. Sostienen que a través de la creación de normas penales se fomenta el desarrollo de un Estado, en tanto que se crean normas penales que incorporan la aparición de nuevos bienes jurídicos, o bien se crean, a través de las normas penales, dichos bienes jurídicos.

Pero las funciones simbólica, ético-social o promocional en exclusiva, desvinculándolas de la instrumental, deslegitiman el Derecho penal en sí. Sólo tienen razón de ser si están vinculadas a un bien jurídico. Por ello, partiendo de la función instrumental como legitimadora del Derecho penal, podemos proceder a analizar las funciones que cumplen las penas.

3.2. Funciones de la pena

Llegados a este punto, se hace preciso indicar que, tradicionalmente, han existido dos clases de teorías acerca de las funciones de las penas, a saber: las teorías absolutas y las teorías relativas.

Pero estas teorías buscaban una sola explicación a la pena, y creían que la pena cumplía un único fin: o bien la retribución, o bien la prevención general, o bien la prevención especial; y no comprendían que se pudieran cumplir todas las funciones, sino que sus posturas eran muy sectarias en este sentido. Por ello, en los años setenta del siglo pasado, surgieron las teorías mixtas, y en este epígrafe las estudiaremos más pormenorizadamente.

3.2.1. Teorías absolutas

Se trata de teorías que se centran en buscar un fin a la pena, son teorías que hablan de un fin retributivo absoluto, en virtud de las cuales el fin del castigo es retribuir el daño ocasionado.

Estas teorías absolutas —atribuidas a los filósofos Immanuel Kant y Georg Wilhelm Friedrich Hegel— entienden que el acto injusto y la culpabilidad deben ser retribuidos por medio del castigo y éste debe ser sufrido mediante el cumplimiento de una pena, lo que viene a significar que el delincuente debe pagar a la sociedad el mal que ha causado[33]. De ahí que Kant señale lo siguiente:

> "El regente y el pueblo o un pueblo y otro pueblo no son injustos unos con otros ni se hostilizan por violencia o por astucia; la injusticia que cometen la cometen sólo en el sentido de que no respetan el concepto del Derecho, único posible fundamento de la paz perpetua. En efecto, el uno falta a su deber con respecto al otro; pero este otro a su vez está animado de iguales intenciones para con el primero; por lo tanto, si se hacen mutuamente daño, es justo que se destruyan ambos"[34].

Por su parte, para Hegel el Estado no debe estar limitado por nada ni nadie, por lo que el individuo debe verse sometido a él de manera absoluta, de modo que la pena es

[33] Gamboa de Trejo, A., *La pena de prisión (teoría y prevención)*, *op. cit.*, p. 93.

[34] Kant, I., *Lo bello y lo sublime-La paz perpetua*, Madrid, Espasa-Calpe, 1964, p. 148.

la afirmación del Derecho, porque "el delito es la negación del Derecho y la pena es la negación del delito"[35], dado que la pena supone la negación de la negación.

Como vemos, las ideas de Kant y de Hegel muestran una gran insistencia por el castigo, pues la Ley del Talión, del "ojo por ojo, diente por diente", es el pilar primordial de sus teorías. Y para ambos filósofos, tanto el acto injusto como la culpabilidad deben ser castigados proporcionalmente, esto es, mediante una pena que represente un daño para el infractor[36].

3.2.2. Teorías relativas

Desde un punto de vista totalmente opuesto al de las teorías absolutas, los defensores de las teorías relativas sostienen que el objetivo primordial de las penas es la prevención de las conductas delictivas. Los prevencionistas dicen que la pena no se justifica por sí misma, sino que debe cumplir una utilidad, debe prevenir delitos cuando todavía no se han producido.

Y en estas teorías existen dos tipos de prevención, a saber: la general y la especial.

3.2.2.1. Prevención general

La teoría de la prevención general se le atribuye al penalista alemán Paul Johann Anselm Ritter Von Feuerbach, y consiste en advertir a la sociedad, mediante el conocimiento de las sanciones previamente creadas por el legislador. Por lo tanto, el objetivo de la prevención general son los individuos que todavía no han cometido delito alguno.

Se entiende que el fin de la pena debe ser dar sustento a la sanción, empleando así la ley como instrumento intimidatorio, cuya finalidad es prevenir las conductas criminales. De este modo, Feuerbach, especifica lo siguiente:

---

[35] Zaffaroni, E. R., *Manual de Derecho penal*, Buenos Aires, Ediar, 1979, p.182.

[36] Gamboa de Trejo, A., *La pena de prisión (teoría y prevención)*, *op. cit.*, p. 98.

"Las instituciones que requiere el Estado deben ineludiblemente ser instituciones coactivas, fincando en ello, primordialmente, la coerción física del Estado, que procede a cancelar las lesiones jurídicas de una doble manera: a) Con anterioridad, cuando impide una lesión aún no consumada, lo que tanto puede tener lugar coerciendo a dar una garantía en favor del amenazado como, también, doblegando en forma inmediata la fuerza física del injuriante dirigida a la lesión jurídica; b) con posterioridad a la injuria, obligando al injuriante a la reparación o a la reposición (...). Si de todas formas es necesario que se impidan las lesiones jurídicas, entonces deberá existir otra coerción junto a la física, que se anticipe a la consumación de la lesión jurídica y que, proviniendo del Estado, sea eficaz en cada caso particular, sin que requiera el previo conocimiento de la lesión. Una coacción de esta naturaleza sólo puede ser de índole psicológica"[37].

Mediante esta prevención, se dan dos aspectos que se cumplen al mismo tiempo: uno positivo, dado que la pena reafirma los valores sociales, ya que cuando se comete un delito y se crea una norma se funda la conciencia social de que se actúa contra el delincuente, reafirmando a la sociedad la idea de que la norma está para cumplirla y aquél que se enfrente a ella será castigado. Y otro negativo, consistente en la intimidación, porque la amenaza del castigo coacciona al sujeto a no cometer el delito, por lo que éste no actuará de forma completamente libre.

3.2.2.2. Prevención especial

El principal impulsor de esta teoría fue el jurista austríaco Von Liszt, quien definió esta política criminal de la siguiente manera:

"La pena correcta, es decir, la justa, es la pena necesaria, lo que se determina con arreglo a la prevención especial. La finalidad de la prevención especial se cumple de forma distinta según las tres categorías de delincuentes que muestra la criminología: a) frente al delincuente de ocasión necesitado de corrección, la pena constituye un *recordatorio* que le inhibe de ulteriores delitos; b) frente al delincuente de estado corregible, deben perseguirse la corrección y la resocialización por medio de una

---

[37] Feuerbach, P. J. A. R. V., *Tratado de Derecho penal común vigente en Alemania*, trad. de Zaffaroni E. R. y Hegemeirer I., Buenos Aires, Hammurabi, 1989, pp. 59 y 60.

adecuada ejecución de la pena; c) frente al delincuente habitual incorregible, la pena ha de conseguir la incriminación a través de un aislamiento que puede ser perpetuo"[38].

Von Liszt se apartó de la idea de la prevención general debido a su forma de entender el Derecho penal como un instrumento de lucha contra el crimen, lucha que concibe como un ataque a las causas del crimen, las cuales se reflejan en la personalidad del infractor[39].

Por su parte, el penalista Santiago Mir Puig, en su obra *Introducción a las bases del Derecho Penal. Concepto y método*, señala la esencia de la prevención especial:

> "A diferencia de la prevención general, que se dirige a la colectividad, la especial tiende a prevenir los delitos que pueden proceder del delincuente: la pena persigue según ella, evitar que quien la sufre vuelva a delinquir. Frente a él la imposición de la pena ha de servir como escarmiento o como camino para la readaptación social. La prevención especial no puede operar, pues, como la general en el momento de la conminación penal, sino en el de la ejecución de la pena"[40].

Esta teoría, por lo tanto, centra su interés en el delincuente, pues se pretende que la pena lo corrija y lo resocialice, tal y como acabamos de señalar. Se trata de la denominada *prevención terciaria*, cuyo objetivo primordial es evitar la reincidencia del recluso[41].

Y al igual que la prevención general, la especial también tiene un aspecto positivo, vinculado a la reinserción social del delincuente; y otro negativo, debido a la admonición del mismo y a su separación de la sociedad.

En este punto podemos concluir que en un modelo de Estado social y democrático de Derecho, la pena debe regular activamente la vida social, de forma que asegure su correcto funcionamiento, mediante la protección de los bienes jurídicos de los ciudadanos, y esto implica conceder a la pena una función de prevención de los

---

[38] Liszt, F. V., *Tratado de Derecho penal*, trad. de Jiménez de Asúa, L., Madrid, Reus, 1929, p.197.

[39] Gamboa de Trejo, A., *La pena de prisión (teoría y prevención)*, *op. cit.*, p. 107.

[40] Mir Puig, S., *Introducción a las bases del Derecho penal. Concepto y método*, Barcelona, Bosch, 1976, p. 68.

[41] Para mayor información acerca de la distinción entre prevención primaria, secundaria y terciaria véase, García-Pablos de Molina, A., "La prevención del delito en un Estado social y democrático de derecho", en *Estudios penales y criminológicos*, nº 15, 1990-1991, pp. 84 y 85.

actos que ataquen dichos bienes. Pero para que el Estado social no degenere en autoritario, deberá acatar ciertos límites que aseguren que la prevención se llevará a cabo en favor de todos los ciudadanos[42].

3.2.3. Teorías mixtas

En los años setenta del siglo XX nacieron en Alemania unas teorías mixtas, surgidas de las dos teorías expuestas *ut supra*.

Por una parte, el doctor y catedrático de Derecho penal Winfried Hassemer, defendió la denominada *teoría de la unión*, que gira en torno a dos ideas sistemáticas, a saber: la vinculación de las teorías de la pena con las fases del proceso penal y su relación con los tipos de delito[43].

Y por otra parte, apareció la llamada *teoría de la unificación*, sostenida por el jurista Claus Roxin, según la cual se aúnan todos los fines de la pena. A este respecto, señala Santiago Mir Puig que:

> "[La teoría de la unificación] combina de una forma peculiar los puntos de vista de las distintas teorías sobre la pena; asignándole funciones diversas en los distintos momentos en que opera. Se pretende con ello superar el planteamiento dominante de la teoría de la unión, consistente a menudo (...) en una mera yuxtaposición de los diferentes fines de la pena"[44].

Y es que según esta teoría, se cumplen todos los fines de la pena pero en distintos periodos, veamos: la función de retribución se cumple, básicamente, a la hora de crear la ley, puesto que cuando el legislador elabora la norma, tiene en cuenta el bien jurídico lesionable y el grado de lesión, y asigna una pena proporcionada a dicho grado. También se cumple una cierta prevención general intimidatoria dado que, mediante la imposición de esa sanción, se pretende que el sujeto se sienta intimidado por la misma.

---

[42] A este respecto *vid.*, Mir Puig, S., *Función de la pena y teoría del delito en el Estado social y democrático de Derecho*, *op. cit.*, p. 40.

[43] Hassemer, W., *Fundamentos del Derecho penal*, trad. de Muñoz Conde, F. y Arroyo Zapatero, L., Barcelona, Bosch, 1984, p. 349.

[44] Mir Puig, S., *Introducción a las bases del Derecho penal. Concepto y método*, *op. cit.*, p. 75.

Y en último lugar, se cumple la prevención especial en el momento de la ejecución de la pena. En palabras de Mir Puig:

> "Roxin sintetiza la función de la pena en tres momentos: la conminación penal, la medición de la pena y la ejecución"[45].

Llegados a este punto, podemos concluir que las teorías existentes en torno a la función de la pena no logran demostrar, de una manera clara, su finalidad.

3.3. Funciones de la pena de prisión

Una vez analizadas las funciones del Derecho penal y las funciones de la pena, podemos adentrarnos en el concreto estudio de las funciones de la pena de prisión.

En el ámbito internacional, debemos destacar a este respecto el artículo 10.3 del Pacto Internacional de Derechos Civiles y Políticos, aprobado en el año 1966 (y ratificado por España en 1977), según el cual:

> "El régimen penitenciario consistirá en un tratamiento cuya finalidad esencial será la reforma y la readaptación social de los penados".

Ya en el ámbito nacional, el precepto 25.2 de la Constitución española establece que:

> "Las penas privativas de libertad y las medidas de seguridad estarán orientadas hacia la reeducación y reinserción social y no podrán consistir en trabajos forzados".

Y de otro lado, el artículo 1 de la Ley General Penitenciaria española de 1979 reza lo siguiente:

> "Las Instituciones penitenciarias reguladas en la presente Ley tienen como fin primordial la reeducación y la reinserción social de los sentenciados a penas y medidas penales privativas de libertad, así como la retención y custodia de detenidos, presos y penados"[46].

Por lo tanto, podemos observar que, teóricamente, la función de las penas privativas de libertad es, por una parte, la que anteriormente hemos denominado

---

[45] *Ibid.*, p. 76.

[46] Ley Orgánica 1/1979, de 26 de septiembre, General Penitenciaria.

prevención especial, esto es, la reinserción social (tema que abordaremos más adelante en el epígrafe 8), procurar que el reo no vuelva a delinquir; y por otra parte, la retribución del mal ocasionado mediante su estancia en un establecimiento penitenciario, pues la pena tiene que ser retributiva porque es un castigo, pero siempre debe tratarse de una retribución proporcionada —ya que, en principio, cuanto más proporcional es la pena, más retributiva es.

A este respecto, Quintero Olivares considera que, probablemente, la única función de la prisión sea la de prevenir la peligrosidad de determinados sujetos, entendiendo además que la pena de prisión es retribución para el delincuente no peligroso, mientras que para el peligroso es a la vez retribución y prevención frente al peligro que encarna[47], en el sentido de que mientras esté encerrado, no le será posible continuar delinquiendo.

De otro lado, el filósofo Michel Foucault entiende que la prisión está dirigida a un proyecto de conversión de los sujetos, y que por ello debe ser una herramienta tan perfeccionada como la escuela, el hospital o el cuartel, para actuar con acierto y exactitud sobre los individuos[48].

Por su parte, la doctora mexicana Ana Gamboa de Trejo, basándose especialmente en la experiencia de las cárceles latinoamericanas, sostiene que la subsistencia de la pena de prisión, basada en que sus efectos intimidatorios provocan en los gobernados un cierto miedo al castigo, ha caído en buena medida en el olvido, debido a la confabulación entre los que ella viene a denominar *líderes de prisión* y los carceleros, al operar los primeros dentro de la prisión de manera abierta, como si actuasen en cualquier otro negocio[49]. Y es que raro es el sistema que consigue los resultados previstos con la aplicación de la pena privativa de libertad.

Pero a nuestro parecer no debemos mostrarnos tan pesimistas, pues si bien existe en casi todos los Estados un índice alto de reincidencia, lo cual viene a dejar patente el

---

[47] Quintero Olivares, G., "El delincuente violento y la función de la pena de prisión", en *Revista del Instituto Universitario de Investigación en Criminología y Ciencias Penales de la Universidad de Valencia*, ISSN 1989-6352, 2009, pp. 169 a 183.

[48] Foucault, M., *Microfísica del poder*, trad. de Julia Varela y Fernando Álvarez Uría, Madrid, Las Ediciones de la Piqueta, 1980, p. 90.

[49] Gamboa de Trejo, A., *La pena de prisión (teoría y prevención)*, *op. cit.*, p. 112.

fracaso de la aplicación de la pena de prisión con fines resocializadores, es bien cierto que en todos aquellos sistemas en los que el régimen de aplicación de las penas no está inclinado hacia la readaptación social, el fracaso es aún mayor.

4. ORGANIZACIÓN DEL RÉGIMEN PENITENCIARIO

En primer lugar, es necesario conocer que, a tenor del artículo 15 de la Ley Orgánica General Penitenciaria, la entrada de un detenido, preso o penado en un centro penitenciario, únicamente se efectuará mediante orden de la autoridad competente, salvo presentación voluntaria o en los casos de estados de alarma, sitio o excepción, en los que se actuará conforme a las correspondientes Leyes especiales.

Tras este breve inciso procederemos a examinar cómo se organiza el régimen penitenciario, que comienza con una separación de los internos en función de distintos factores que ahora veremos, y continúa con la clasificación de los internos penados en los respectivos grados.

4.1. Separación de los internos

En virtud de lo dispuesto en el artículo 16 de la Ley General Penitenciaria, así como en el precepto 99 del Reglamento Penitenciario, a su llegada al centro los internos serán *ipso facto* separados en función de su sexo, edad y antecedentes penales, y los penados, atendiendo a las exigencias de su tratamiento.

De manera que hombres y mujeres, salvo excepciones reglamentariamente previstas (dicha excepción está referida a los centros mixtos, en los que se ejecutan programas específicos de tratamiento, o para evitar la desestructuración familiar[50]), estarán separados; al igual que los detenidos y presos, de los condenados, y en cualquier caso, los primarios de los reincidentes; también los jóvenes deberán estar separados de los adultos; asimismo, los que padezcan enfermedades o deficiencias serán apartados; y en último término se apunta que los detenidos y presos por delitos dolosos, serán separados de quienes hayan cometido delitos imprudentes.

[50] Para mayor información *vid.* el Capítulo III del Título VII del Reglamento Penitenciario, sobre "Internamiento en un Establecimiento o Departamento Mixto".

4.2. Clasificación de los penados

El número uno del artículo 100 del Reglamento Penitenciario indica que, además de las separaciones apuntadas en el artículo anterior, y comentadas en el epígrafe inmediatamente precedente, los penados serán clasificados en grados. Esta distribución responde al modelo resocializador que está presente en nuestro Ordenamiento, que pretende que las penas sean útiles para los condenados y que ha llevado a la implantación de un sistema penitenciario progresivo, en el cual el cumplimiento de las penas se divide en tres fases o grados, en las que se aplican regímenes penitenciarios diversos. De este modo, en el primer grado se aplica el régimen penitenciario cerrado, es decir, aquél con las medidas de control y seguridad más estrictas; el segundo grado se corresponde con el régimen ordinario; y el tercero con el denominado *régimen abierto*[51]. Y en virtud de dicho sistema, el interno avanzará de una fase a otra conforme vaya adquiriendo pautas y comportamientos más socializados[52].

No obstante, según establece el artículo 105.1 del Reglamento Penitenciario, cada seis meses como máximo, se estudiará de manera individualizada a los penados, para valorar sus circunstancias y revisar su clasificación inicial. Asimismo, ante la negativa de cambio de grado, el propio interno podrá incluso llegar a recurrir ante el juez de vigilancia. Pues ya el número cuatro del precepto 72 de la Ley Orgánica General Penitenciaria apunta que "en ningún caso se mantendrá a un interno en un grado inferior cuando por la evolución de su tratamiento se haga merecedor a su progresión".

Seguidamente procederemos a examinar los diferentes grados y sus respectivos regímenes penitenciarios.

---

[51] Sin embargo, a tenor del artículo 100.2 del Reglamento Penitenciario, de manera excepcional y mediante autorización de la Junta de Tratamiento y la ulterior aprobación judicial, se podrán aplicar a los internos modelos de ejecución combinados, siempre que ello sea indispensable para desarrollar un programa específico de tratamiento.

[52] Roca Agapito, L., *El sistema de sanciones en el Derecho penal español*, *op. cit.*, pp. 488 y 489.

4.2.1. El primer grado

En el precepto 10.1 de la Ley General Penitenciaria se apunta que serán clasificados en el primer grado y, por ende, sometidos al régimen cerrado, tanto los internos declarados de extrema peligrosidad, como aquellos otros que muestren una grave inadaptación a los regímenes ordinario y abierto.

Por su parte, es el número cinco del artículo 102 del Reglamento Penitenciario el que precisa los criterios que deberán ser valorados a la hora de clasificar a un sujeto en este primer grado, a saber:

a) Personalidad agresiva y antisocial a juzgar por los delitos cometidos.

b) Comisión, con extrema violencia, de actos contra la vida o integridad física de las personas, contra la libertad sexual o contra la propiedad.

c) Pertenencia a organizaciones delictivas o bandas armadas, siempre que no haya demostrado haber abandonado las mismas.

d) Activa intervención en motines, plantes, agresiones físicas, amenazas o coacciones.

e) Comisión reiterada de infracciones de tipo disciplinario graves o muy graves.

f) Introducción o posesión de armas de fuego en el centro penitenciario, o posesión de drogas tóxicas, estupefacientes o sustancias psicotrópicas en grandes cantidades.

Pues bien, como hemos apuntado anteriormente, a los internos clasificados en el primer grado se les aplicará el régimen cerrado, el cual se encuentra regulado en el Capítulo IV del Título III del Reglamento Penitenciario y que, a tenor del artículo 90.2, se caracteriza "por una limitación de las actividades en común de los internos y por un mayor control y vigilancia sobre los mismos, exigiéndose, de manera especial, el acatamiento de cuantas medidas de seguridad, orden y disciplina elabore el Consejo de Dirección, previo informe de la Junta de Tratamiento". Asimismo, en virtud del Real

Decreto 419/2011, de 25 de marzo[53], se ha añadido un tercer número al artículo 90, el cual establece que en los establecimientos penitenciarios que alojen a internos de primer grado, se elaborará un programa de intervención específico que asegure una atención personalizada a los mismos.

Por otra parte, dentro de este régimen, caben dos modalidades de vida. Una de ellas está dirigida a los presos extremadamente peligrosos[54], quienes serán destinados a los departamentos especiales. La otra modalidad está pensada para aquellos internos que presenten una clara inadaptación a los regímenes comunes, que serán distribuidos en centros o módulos de régimen cerrado. Pero en ambos casos, según lo establecido por el artículo 90.2 del Reglamento, la pena se cumplirá en celdas individuales.

El régimen de los departamentos especiales es el más estricto, y en el artículo 93 del Reglamento Penitenciario se señalan las normas propias del régimen, tales como: el goce de tres horas diarias, como mínimo, de salida al patio; la práctica de un registro diario de las celdas y el cacheo de los presos; la prohibición de hallarse más de dos internos juntos en las salidas al patio —salvo en el caso de actividades programadas—, etcétera.

Por su parte, el régimen de los centros o módulos cerrados es levemente más benigno, pues permite el disfrute de un mínimo de cuatro horas diarias de vida en común —con la posibilidad de añadir tres horas más en el caso de actividades previamente programadas—; además, como mínimo, el número de internos que pueden desarrollar actividades grupales conjuntamente es de cinco, etcétera.

No obstante, en el artículo 92.3 del citado Reglamento se prescribe la revisión de la modalidad de vida de cada interno en un plazo máximo de tres meses lo cual, en ciertos casos, puede implicar la reasignación de modalidad. Asimismo, el número dos

[53] Véase el número tres del artículo uno del Real Decreto 419/2011, de 25 de marzo, por el que se modifica el Reglamento Penitenciario.

[54] Según el precepto 91.3 del Reglamento Penitenciario:

> "Serán destinados a departamentos especiales aquellos penados clasificados en primer grado que hayan sido protagonistas o inductores de alteraciones regimentales muy graves, que hayan puesto en peligro la vida o integridad de los funcionarios, Autoridades, otros internos o personas ajenas a la Institución, tanto dentro como fuera de los Establecimientos y en las que se evidencie una peligrosidad extrema".

del mencionado precepto apunta los criterios a tener en cuenta a la hora de proponer el cambio de modalidad de los penados destinados en departamentos especiales, a saber:

a) Afán por participar y colaborar en las actividades programadas.

b) Inexistencia de sanciones o cancelación de las mismas durante amplios períodos de tiempo.

c) Un trato correcto con los demás internos.

4.2.2. El segundo grado

El inciso tres del precepto 102 del Reglamento Penitenciario indica que en el segundo grado serán clasificados aquellos penados cuyas características, tanto personales como penitenciarias, les permitan convivir normalmente, pero estén faltos, por el momento, de la suficiente capacidad para vivir en semilibertad.

Pues bien, a los internos clasificados en el segundo grado se les aplica el régimen ordinario, el cual está regulado en el Capítulo II del Título III del Reglamento Penitenciario.

El artículo 76 del mismo apunta que uno de los objetivos del régimen ordinario es conseguir una convivencia ordenada, para lo cual deberán regir los principios de seguridad, orden y disciplina. Además, se erigen como actividades básicas del centro tanto el trabajo como la formación de los reclusos, para lo cual se realizarán diferentes actividades, algunas de carácter obligatorio y otras optativas para los internos, que serán debidamente informados, y con la antelación suficiente, del horario y calendario de las mismas.

De todos modos, asegura el artículo 77.2 que se garantizarán ocho horas de descanso nocturno a los internos, al menos dos horas para asuntos propios y el tiempo que se estime necesario para que realicen actividades culturales y terapéuticas, así como para que mantengan contacto con el exterior del centro.

Y en el precepto número 78, se establece la obligación de los internos de respetar el horario del centro y a contribuir con las medidas higiénico-sanitarias que se adopten, procurando que los establecimientos se encuentren siempre limpios, para lo cual deberán realizar diferentes prestaciones personales.

4.2.3. El tercer grado

En virtud del artículo 102.4 del Reglamento Penitenciario, serán clasificados en el tercer grado aquellos internos cuyas circunstancias, tanto personales como penitenciarias, les habiliten para llevar a cabo un régimen de vida en semilibertad. Se les aplica, por lo tanto, el régimen abierto, el cual está regulado en el Capítulo III del Título III del referido Reglamento.

Pero, tal y como apunta Roca Agapito, lo cierto es que no todos los sujetos con las mencionadas circunstancias podrán ser clasificados en el tercer grado[55], sino que nuestro Ordenamiento Jurídico señala diversas limitaciones.

En primer lugar, tras las reformas efectuadas en 2003 y en 2010 al Código Penal, éste prescribe, en el segundo párrafo de su artículo 36.2, que cuando la extensión de la pena de prisión impuesta supere los cinco años, el tribunal podrá exigir que la clasificación del penado en el tercer grado no tenga lugar hasta el cumplimiento de la mitad de la pena impuesta. Este límite se ha venido a denominar *periodo de seguridad*. Si bien, para adaptar la legislación a las concretas circunstancias de algunos presos, el último párrafo del propio artículo 36.2 prevé la posibilidad de que el juez de vigilancia, previo pronóstico individualizado y favorable de reinserción social del penado, exceptúe la aplicación del periodo de seguridad, salvo en los supuestos de delitos de terrorismo, delitos cometidos en el seno de una organización o grupo criminal, delitos de abusos o agresiones sexuales a menores de dieciséis años o delitos relativos a la prostitución o corrupción de menores de trece años.

Y en segundo lugar, tras la modificación de la Ley Orgánica General Penitenciaria por la Ley Orgánica 7/2003, de 30 de junio, de medidas de reforma para el cumplimiento íntegro y efectivo de las penas, se agregaron dos apartados a su precepto 72. De este modo, el inciso cinco de dicho artículo señala que la progresión al tercer grado de los penados que hubieren cometido delitos graves contra el patrimonio y

---

[55] Roca Agapito, L., *El sistema de sanciones en el Derecho penal español*, *op. cit.*, p. 491.

contra el orden socioeconómico, delitos contra los derechos de los trabajadores, delitos contra la Hacienda Pública y contra la Seguridad Social, o delitos de cohecho, de tráfico de influencias, de malversación, de fraudes o exacciones legales, de negociaciones o actividades prohibidas a funcionarios públicos o abusos en el ejercicio de su función; únicamente podrá tener lugar si el penado hubiere satisfecho la responsabilidad civil derivada de su delito. Y el número seis del propio artículo 72 prescribe que la progresión al tercer grado de los presos que hubieren cometido delitos de terrorismo o cometidos en el seno de organizaciones criminales, además de haber cumplido el periodo de seguridad y de haber reparado su responsabilidad civil, solamente se hará efectiva si el preso manifiesta síntomas de haber abandonado los fines y los medios terroristas y colabora de forma activa con las autoridades.

Por otra parte, es preciso apuntar aquí que, tras la reforma llevada a cabo por la Ley Orgánica 1/2015, de 30 de marzo, de modificación del Código Penal, se añade un tercer inciso al artículo 36 del Código que permite el adelanto al tercer grado de aquellos presos gravemente enfermos e incurables, así como de los septuagenarios, teniendo en cuenta su falta de peligrosidad[56].

En definitiva, el régimen abierto se lleva a cabo para que los reos puedan proseguir con su tratamiento en un régimen de semilibertad, tal y como establece el artículo 74.2 del Reglamento. Se trata del más flexible de los tres regímenes existentes, y los presos lo cumplen en centros abiertos o de inserción social, en secciones abiertas o bien en unidades dependientes[57]. Durante este régimen, en virtud del artículo 81 del mencionado Reglamento, los controles sobre la persona del penado se reducen al mínimo, salvo que se haya establecido un régimen abierto restringido[58].

---

[56] Artículo 36.3 del Código Penal:

> "En todo caso, el tribunal o el juez de vigilancia penitenciaria, según corresponda, podrá acordar, previo informe del Ministerio Fiscal, Instituciones Penitenciarias y las demás partes, la progresión a tercer grado por motivos humanitarios y de dignidad personal de penados enfermos muy graves con padecimientos incurables y de los septuagenarios valorando, especialmente su escasa peligrosidad".

[57] Para mayor información acerca de estos establecimientos véanse los Capítulos I y II del Título VII del Reglamento Penitenciario.

[58] Artículo 82.1 del Reglamento Penitenciario:

> "En los casos de penados clasificados en tercer grado con una peculiar trayectoria delictiva, personalidad anómala o condiciones personales diversas, así como cuando exista imposibilidad de desempeñar un trabajo en el exterior o lo aconseje su tratamiento penitenciario, la Junta de Tratamiento podrá establecer la modalidad de

Esta fase de la pena privativa de libertad está destinada a capacitar al preso para su retorno a la vida en sociedad, pues tal y como señala el artículo 83 del Reglamento:

> "La actividad penitenciaria en régimen abierto tiene por objeto potenciar las capacidades de inserción social positiva que presentan los penados clasificados en tercer grado, realizando las tareas de apoyo y de asesoramiento y la cooperación necesaria para favorecer su incorporación progresiva al medio social".

Y a continuación establece los cinco principios generales que deben regir dichas funciones, a saber:

a) Atenuación de las medidas de control.

b) Autorresponsabilidad.

c) Normalización social e integración.

d) Prevención para intentar evitar una desestructuración familiar y social.

e) Coordinación y cooperación entre organismos e instituciones que actúen en la atención y reinserción de los presos.

Sin embargo, según reza el artículo 84.2 del Reglamento Penitenciario, atendiendo a las características y necesidades personales de los internos, se podrán instaurar diferentes modalidades en sus sistemas de vida, con el objetivo de facilitarles la reinserción social.

Y bien, para favorecer dicha reinserción, en el régimen abierto se permiten las salidas de los centros, para posibilitar a los internos la realización de actividades de índole formativa, laboral, de tratamiento, etcétera. No obstante, dichas salidas estarán programadas por el centro, y la Junta de Tratamiento deberá indicar los mecanismos de control que estime necesarios en función del tratamiento a que esté sometido cada interno. Además, el Reglamento dispone, con carácter general, que el tiempo mínimo de permanencia en el establecimiento penitenciario será de ocho horas diarias, debiendo

---

vida en régimen abierto adecuada para estos internos y restringir las salidas al exterior, estableciendo las condiciones, controles y medios de tutela que se deban observar, en su caso, durante las mismas".

pernoctarse en el mismo. Sin embargo, es posible, si el preso así lo acepta, que no tenga que regresar al centro si se somete a una monitorización electrónica durante su salida, a través de aparatos telemáticos brindados por la propia Administración Penitenciaria. En este supuesto, el interno únicamente deberá personarse en el centro para la realización de actividades de tratamiento, de entrevistas y de controles presenciales. Además, el Reglamento Penitenciario contempla también las salidas de fin de semana, que se regularán por la Junta de Tratamiento de manera totalmente individualizada. Y aunque el artículo 87.2 del Reglamento dispone que, con carácter general, estas salidas tendrán lugar, como máximo, desde las dieciséis horas del viernes hasta las ocho horas del lunes, el inciso cuarto del precepto brinda un cierto margen de discrecionalidad al Centro Directivo para aprobar, si lo estima conveniente, salidas de fin de semana con horarios diferentes.

Tras la última reforma penal no podemos preterir que, en relación a los penados a prisión permanente revisable, para que éstos puedan acceder al tercer grado, además de los requisitos generales exigidos a todos los presos, se estipulan unas condiciones más gravosas (artículo 36.1 del Código Penal), a saber:

a) Haber cumplido 15 años de prisión efectiva.

b) Haber cumplido 20 años de prisión efectiva si el condenado lo fue por delitos de terrorismo o cometidos en el seno de organizaciones criminales.

Además, en estos casos, al reo no le serán concedidos permisos de salida hasta haber cumplido 8 años de prisión —12 años en el caso de haber sido condenado por delitos de terrorismo o cometidos en el seno de organizaciones criminales.

En esta misma línea, el número 1 del precepto 78 bis hace referencia a los casos de concurso de delitos, y reza así:

> "Cuando el sujeto haya sido condenado por dos o más delitos y, al menos, uno de ellos esté castigado por la ley con pena de prisión permanente revisable, la progresión a tercer grado requerirá del cumplimiento:
>
> a) De un mínimo de dieciocho años de prisión, cuando el penado lo haya sido por varios delitos, uno de ellos esté castigado con pena de prisión permanente

revisable y el resto de las penas impuestas sumen un total que exceda de cinco años.

b) De un mínimo de veinte años de prisión, cuando el penado lo haya sido por varios delitos, uno de ellos esté castigado con una pena de prisión permanente revisable y el resto de las penas impuestas sumen un total que exceda de quince años.

c) De un mínimo de veintidós años de prisión, cuando el penado lo haya sido por varios delitos y dos o más de ellos estén castigados con una pena de prisión permanente revisable, o bien uno de ellos esté castigado con una pena de prisión permanente revisable y el resto de penas impuestas sumen un total de veinticinco años o más".

Y si se tratase de delitos de terrorismo o cometidos en el seno de organizaciones criminales, para acceder al tercer grado el condenado a prisión permanente revisable deberá haber cumplido 24 años de prisión, en los casos señalados en los anteriores incisos a) y b); o de 32 años, en los casos del apartado c).

5. LIMITACIONES A LA PENA DE PRISIÓN

Ahora estudiaremos los límites que acotan la ejecución de la pena de prisión, pues siempre se deberá cumplir respetando todos aquellos derechos de los presos que no se vean afectados por la pena, y deberá respetarse la prohibición de torturar, así como de aplicar penas o infligir tratos inhumanos o degradantes.

5.1. El respeto a los derechos fundamentales

Por muy limitadora de libertad que sea la pena impuesta al condenado, desde luego éste no se puede ver privado del resto de sus derechos fundamentales, pues como señala el precepto 3 de la Ley General Penitenciaria:

> "La actividad penitenciaria se ejercerá respetando, en todo caso, la personalidad humana de los recluidos y los derechos e intereses jurídicos de los mismos no afectados por la condena (...)".

Asimismo, en el fundamento jurídico primero de la sentencia del Tribunal Constitucional 60/1997, de 18 de marzo, se señala que:

> "El internamiento de un ciudadano en un Centro Penitenciario vincula al interno con la Administración estableciendo una relación de sujeción especial que le somete a un poder administrativo autónomo y más intenso, que el que se proyecta, en general, sobre el común de las personas. Por ello, sin duda, el ejercicio de ese poder ha de estar sujeto a normas legales de estricta observancia encontrándose, además, limitado, tanto por la finalidad propia de dicha relación conforme al art. 1 de la L.O.G.P. como por el valor preferente de los derechos fundamentales del recluso que el art. 25.2 de la C.E. expresamente reconoce"[59].

Como vemos, nuestro Tribunal Constitucional no es ajeno a esta problemática y por ello, a continuación, estudiaremos algunas de las sentencias en las que el Alto Tribunal exhorta al respeto de los derechos que con mayor frecuencia se ven vulnerados en las cárceles.

---

[59] *Vid.* la sentencia de la Sala Primera del Tribunal Constitucional 60/1997, de 18 de marzo.

Siguiendo el orden en que aparecen dichos derechos en nuestra Constitución:

5.1.1. Derecho a la vida y a la integridad física y moral

El derecho fundamental más relevante, en torno al cual giran todos los demás, es, sin duda, el derecho a la vida, recogido expresamente en el artículo 15 de nuestra Carta Magna[60], y dirigido a toda la población, incluida la reclusa. En consonancia, el apartado cuarto del artículo 3.4 de la Ley General Penitenciaria establece lo siguiente:

> "La Administración penitenciaria velará por la vida, integridad y salud de los internos".

Pero es una cuestión distinta, en palabras del fiscal Javier Balaguer Santamaría, "si de tal derecho, puede concluirse la posibilidad de disponer de la propia vida por parte de los internos [a través de] huelgas de hambre"[61]. Y en este mismo sentido, señala el profesor de Derecho constitucional Reviriego Picón[62] que las sentencias más controvertidas acerca del derecho a la vida y a la integridad física y moral de los presos, son las que examinaron la polémica sobre la alimentación forzosa de los miembros de la GRAPO[63]. Esto fue debido a que a finales de los años ochenta, varios presos pertenecientes al mencionado grupo terrorista comenzaron una huelga de hambre. En dicha situación se planteó la duda de si la Administración Penitenciaria, en cumplimiento del artículo 15 de nuestra Carta Magna, podía o debía practicar la alimentación forzosa de los internos huelguistas cuando la salud y la vida de los mismos peligrase.

Pues bien, una de las más representativas sentencias en esta materia es la del Pleno del Tribunal Constitucional 120/1990, de 27 de junio, en respuesta a un recurso

---

[60] Artículo 15 de la Constitución española: "Todos tienen derecho a la vida y a la integridad física y moral (...)".

[61] Balaguer Santamaría, J., "Derechos humanos y privación de libertad: en particular, dignidad, derecho a la vida y prohibición de torturas", en vv.aa., *Cárcel y derechos humanos. Un enfoque relativo a la defensa de los derechos fundamentales de los reclusos*, Barcelona, J. M. Bosch Editor, 1992, p. 105.

[62] Reviriego Picón, F., "Los derechos fundamentales del recluso en la jurisprudencia constitucional", en Carcedo González, R. J. y Reviriego Picón, F., *Reinserción, derechos y tratamiento en los centros penitenciarios*, Salamanca, Amarú Ediciones, 2007, p. 127.

[63] Es decir, del Grupo de Resistencia Antifascista Primero de Octubre.

de amparo interpuesto conjuntamente por tres presos del Centro Penitenciario de Preventivos Madrid-2, miembros de la GRAPO y en huelga de hambre, por lo que en esos momentos se encontraban ingresados en un centro hospitalario. Éstos recurren en amparo frente a un auto de la Audiencia Provincial de Madrid que establece:

> "El derecho-deber de la Administración penitenciaria de suministrar asistencia médica, conforme a criterios de la ciencia médica, a aquellos reclusos en huelga de hambre una vez que la vida de éstos corra peligro, lo que se determinará, previos los oportunos informes médicos, en la forma que el juez de vigilancia penitenciaria correspondiente determine, y sin que en ningún caso pueda suministrarse la alimentación por vía bucal en tanto persiste su estado de determinarse libre y conscientemente"[64].

Por ello, los recurrentes solicitan al Alto Tribunal que declare la infracción en dicho auto de los artículos 1, 16.1, 17.1, 18.1, 9.2, 24.1, 25.2, 10.1 y 15 de la Constitución española, el artículo 2.2 de la Convención contra la Tortura y otros Tratos o Penas Crueles, Inhumanos o Degradantes de la ONU, el artículo 3 del Convenio para la Protección de los Derechos Fundamentales de Roma, así como el artículo 10.1 del Pacto Internacional de Derechos Civiles y Políticos; determinando, por lo tanto, la nulidad del mismo, y que ordene a la Administración Penitenciaria cesar en la alimentación forzosa de los presos de la GRAPO.

En cuanto al derecho a la vida, el Alto Tribunal establece en el fundamento jurídico séptimo que:

> "La asistencia médica obligatoria autorizada por la resolución judicial recurrida no vulnera dicho derecho fundamental, porque en éste no se incluye el derecho a prescindir de la propia vida, ni es constitucionalmente exigible a la Administración penitenciaria que se abstenga de prestar una asistencia médica que, precisamente, va dirigida a salvaguardar el bien de la vida que el artículo 15 de la Constitución protege".

En lo que a la integridad física respecta, en el fundamento jurídico octavo el Constitucional indica que:

> "Con el cumplimiento de ese deber del Estado no se degrada el derecho a la integridad física y moral de los reclusos, pues la restricción que al mismo constituye la

[64] A estos efectos *vid.* el auto de la Sección Segunda de la Audiencia Provincial de Madrid de 15 de febrero de 1990.

asistencia médica obligatoria se conecta causalmente con la preservación de bienes tutelados por la Constitución y, entre ellos, el de la vida (...)".

Además, en el fundamento jurídico noveno considera el Alto Tribunal que no ha habido tratos inhumanos ni degradantes, dado que no estima que la prohibición del artículo 15 de la Constitución hubiera sido quebrantada por la asistencia médica cuya autorización judicial se recurre.

Por todo ello, el Alto Tribunal deniega el amparo.

5.1.2. Derecho a la intimidad

El derecho a la intimidad viene garantizado en el precepto 18.1 de la Constitución española[65]. Asimismo, la letra b) del artículo 4.2 del Reglamento Penitenciario establece que los internos tienen derecho a que se preserve "(...) su intimidad, sin perjuicio de las medidas exigidas por la ordenada vida en prisión (...)". En esta prescripción se recoge el derecho a la intimidad de manera genérica pero, tal y como señala el profesor Reviriego Picón, este derecho también se contempla para aspectos muy concretos derivados de la relación jurídico-penitenciaria, tales como las medidas de registro personal, la protección de los datos personales o las comunicaciones, entre otros[66].

En lo que a medidas de registro personal y derecho a la intimidad respecta, resulta muy reveladora la sentencia de la Sala Segunda del Tribunal Constitucional 171/2013, de 7 de octubre, con referencia a un caso de vulneración del derecho a la intimidad personal. En este supuesto se había procedido en una prisión de Jaén, en dos días consecutivos, a sendos cacheos mediante registros corporales con desnudo integral de un recluso, en los momentos previos a que éste mantuviera comunicaciones vis a vis. A tal fin, se adoptaron dos acuerdos por escrito, en los que se alegaba la sospecha de que el recluso pudiere ocultar algún objeto o sustancia prohibida en su cuerpo tras la comunicación. Tras lo sucedido, el reo dirigió una queja al Juzgado Central de

---

[65] Artículo 18.1 de la Constitución española: "Se garantiza el derecho al honor, a la intimidad personal y familiar y a la propia imagen".

[66] Reviriego Picón, F., "Los derechos fundamentales del recluso en la jurisprudencia constitucional", *cit.* p. 134.

Vigilancia Penitenciaria, alegando la lesión de su derecho a la intimidad personal del artículo 18.1 CE, al carecer de motivación concreta la adopción de tales medidas. Tras ver inadmitida su queja y desestimados los posteriores recursos de reforma y apelación, acude en amparo ante el Tribunal Constitucional español, aduciendo de nuevo la vulneración de su derecho fundamental a la intimidad personal, y citando la doctrina de la sentencia del Tribunal Constitucional 57/1994, de 28 de febrero, en relación a los cacheos y registros corporales de los internos[67], y la regulación de los arts. 68 y 93 del Reglamento Penitenciario, alegando que la posibilidad de realizar cacheos con desnudo integral de los internos debe fundarse en motivos de seguridad concretos y específicos. El Tribunal establece en el fundamento jurídico tercero que, aunque en determinadas situaciones la medida de registro personal de los reos mediante cacheo con desnudo integral puede ser necesaria, hay que valorar la grave intromisión que produce a la intimidad personal, y si la medida es imprescindible; y para ello, se requiere una fundamentación de la medida por parte de la Administración Penitenciaria. Y en el fundamento jurídico cuarto, el Tribunal llega a la conclusión de que en el caso examinado:

> "(...) falta toda mención de los motivos de seguridad concretos y específicos que determinaron la necesidad del cacheo integral".

Y por ello, falla reconociendo el derecho del recurrente a la intimidad personal[68].

Por otra parte, en referencia al derecho de las comunicaciones en su relación con el derecho a la intimidad, la Ley General Penitenciaria reconoce, en su artículo 51.1, el derecho de los internos a comunicarse de manera periódica, de forma oral o escrita y en su propia lengua, con sus familiares, amigos y representantes acreditados de organismos e instituciones de cooperación penitenciaria (salvo que se encuentre en una situación de

[67] Sentencia del Tribunal Constitucional 57/1994, de 28 de febrero, Fundamento Jurídico 6º:

> "No puede considerarse justificación suficiente de la medida la simple alegación de que en la generalidad de las prisiones las comunicaciones íntimas son el medio habitual para que los internos reciban desde el exterior objetos peligrosos o estupefacientes; ya que sin entrar a cuestionar la certeza de tal afirmación basta reparar que sólo posee un carácter genérico, cuando lo relevante a los fines de justificar una medida que limita el derecho constitucional reconocido en el art. 18.1 CE es, por el contrario, que se hubiera constatado por la Administración penitenciaria que tal medida era necesaria para velar por el orden y la seguridad del establecimiento, en atención a la concreta situación de éste o el previo comportamiento del recluso".

[68] A este respecto *vid.* la sentencia de la Sala Segunda del Tribunal Constitucional 171/2013, de 7 de octubre.

incomunicación judicial). Además, el mencionado precepto aclara que dichas comunicaciones se llevarán a cabo "respetando al máximo la intimidad", con las solas restricciones necesarias por motivos de seguridad, de interés de tratamiento o del buen orden del centro penitenciario. Y en relación con una violación de este derecho, podemos citar la sentencia de la Sala Primera del Tribunal Constitucional 201/1997, de 25 de noviembre, en respuesta a un recurso de amparo por violación del derecho a la intimidad familiar. En este supuesto, un interno del Centro Penitenciario de Teruel formuló una queja ante el Juzgado de Vigilancia Penitenciaria de Zaragoza, contra la decisión del Director del mencionado centro, quien le prohibió el empleo de la lengua euskera en las comunicaciones telefónicas con su familia. Tras la desestimación de dicha queja y del posterior recurso de reforma, y tras la declaración de incompetencia de la Audiencia Provincial de Teruel, el interno interpone recurso de amparo ante el Tribunal Constitucional, alegando la vulneración del artículo 18.1 de nuestra Carta Magna, referido al derecho a la intimidad familiar, así como del artículo 20.1.a), entendido como derecho de libertad de expresión y a emplear su propia lengua. A continuación, el Constitucional establece en su fundamento jurídico sexto que las restricciones al derecho de las comunicaciones establecidas en el artículo 5.1 de la Ley General Penitenciaria:

> "(...) no son aplicables a las comunicaciones telefónicas de un interno con su familia, en la lengua propia (...) salvo que se razone (...) que el uso de una lengua desconocida por los funcionarios del establecimiento puede atentar a algún interés constitucionalmente protegido".

Y en el fundamento séptimo indica que a pesar de que la comunicación familiar no es derecho absoluto, su eventual limitación debe estar precedida de una clara y explícita ponderación de valores.

Finalmente, el Alto Tribunal falla otorgando el amparo al recurrente[69].

[69] *Vid.* sentencia de la Sala Primera del Tribunal Constitucional 201/1997, de 25 de noviembre.

5.1.3. Derecho al secreto de las comunicaciones

Los reclusos, pese a estar privados de libertad, son titulares del derecho al secreto de las comunicaciones, protegido en el artículo 18.3 de la Constitución española y que, a tenor de lo que dice la sentencia del Tribunal Constitucional 169/2003, que veremos a continuación, solamente se puede ver coartado conforme a lo previsto en el artículo 51.1 de la Ley Orgánica General Penitenciaria[70]. Y tal y como señala el fundamento jurídico sexto de la sentencia del Tribunal Constitucional 188/1999, de 25 de octubre, la Ley General Penitenciaria, en su artículo 51, que reconoce el derecho de los reclusos a las comunicaciones, diferencia varias modalidades en el ejercicio de tal derecho, según se trate de comunicaciones genéricas, con familiares o amigos, y representantes acreditados de instituciones de cooperación penitenciaria; o específicas, con el abogado defensor o procurador que represente al recluso, y también con profesionales acreditados, asistentes sociales, sacerdotes o ministros de una religión. Y cabe añadir, como señala el profesor Reviriego, que en otro nivel se encuentran las comunicaciones "íntimas o familiares"[71].

Además, como apunta el Tribunal Constitucional en el fundamento jurídico segundo de su sentencia 175/1997:

> "[El derecho al secreto de las comunicaciones de los presos goza de] una incidencia sustancial en el desarrollo de la personalidad de los internos y adquiere suma relevancia en orden al cumplimiento de la finalidad, no exclusiva, de reinserción social de las penas privativas de libertad"[72].

Por otra parte, no debemos preterir que las comunicaciones de los internos pueden verse sometidas bien a intervención o bien a suspensión, cuyos presupuestos

---

[70] Artículo 51.1. de la Ley General Penitenciaria:

> "Los internos estarán autorizados para comunicar periódicamente, de forma oral y escrita, en su propia lengua, con sus familiares, amigos y representantes acreditados de Organismos e instituciones de cooperación penitenciaria, salvo en los casos de incomunicación judicial.
>
> Estas comunicaciones se celebrarán de manera que se respete al máximo la intimidad y no tendrán más restricciones, en cuanto a las personas y al modo, que las impuestas por razones de seguridad, de interés de tratamiento y del buen orden del establecimiento".

[71] Reviriego Picón, F., "Los derechos fundamentales del recluso en la jurisprudencia constitucional", *cit.*, p. 141.

[72] A este respecto *vid.* la sentencia del Tribunal Constitucional 175/1997, de 27 de octubre.

serán en todo caso, tal y como aclara el artículo 51.1 de la Ley General Penitenciaria, la seguridad, el interés del tratamiento y el buen orden del centro penitenciario. Y además, debe existir un acuerdo motivado que establezca la medida de intervención o de suspensión, el cual deberá ser notificado a la autoridad judicial competente y dada a conocer al interno. El Constitucional ha insistido en la necesidad y la importancia de la motivación de dicho acuerdo[73], ya que ello permitirá acreditar los motivos que justificaron la medida restrictiva del derecho, y porque es la única vía para poder verificar que dicha restricción no es excesiva o inadecuada. Y por ello, el Alto Tribunal establece en su sentencia 175/1997, de 27 de octubre, lo siguiente:

> "La falta o insuficiencia de la motivación afecta a la propia justificación del supuesto habilitante para la suspensión o restricción del derecho, en este caso del derecho al secreto de las comunicaciones y, por lo tanto, al propio derecho fundamental"[74].

En cuanto a la duración de la medida, establece la referida sentencia del Tribunal Constitucional que al adoptarse la misma, se determinará su duración, sin ser preciso establecer una fecha concreta, sino que puede hacerse depender de la desaparición de la circunstancia que justifica la intervención, pues en relación con este aspecto, estableció la sentencia del Alto Tribunal 170/1996, de 29 de octubre, que:

> "El mantenimiento de una medida restrictiva de derechos, como la analizada, más allá del tiempo estrictamente necesario para la consecución de los fines que la justifican, podría lesionar efectivamente el derecho afectado".

En lo que respecta al secreto de las comunicaciones genéricas, podemos destacar la sentencia del Tribunal Constitucional 169/2003, de 29 de septiembre, en respuesta a un recurso de amparo interpuesto contra el Auto del juez de vigilancia penitenciaria de Valencia de 30 de noviembre de 2002, que desestima un recurso de reforma contra otro anterior, de 1 de septiembre, el cual a su vez desestima un recurso interpuesto contra una resolución de la Comisión Disciplinaria del Centro Penitenciario de Valencia, que acordó sancionar al interno con un mes de privación de permisos. Esta sanción vino impuesta debido a que un funcionario del centro penitenciario en el que cumple condena

---

[73] Véanse las sentencias del Tribunal Constitucional 170/1996, de 29 de octubre, 128/1997, de 14 de julio, y 175/1997, de 27 de octubre.

[74] Fundamento jurídico cuarto de la sentencia del Tribunal Constitucional 175/1997, de 27 de octubre.

el recluso, interceptó una carta escrita por éste en la que dedicaba una serie de improperios al personal de la penitenciaría. Por ello, el recurrente de amparo se basa en su demanda en la vulneración del derecho al secreto de las comunicaciones. El Alto Tribunal estipula en el fundamento jurídico tercero de su sentencia que:

> "Los derechos fundamentales recogidos en la Constitución (...) vinculan a todos los poderes públicos".

Y en el fundamento jurídico cuarto señala lo siguiente:

> "Si bien es cierto que las autoridades penitenciarias pueden restringir, en ocasiones, derechos de los internos, al verse sometidos éstos a un régimen de especial sujeción, no puede admitirse que resulte constitucionalmente legítimo establecer una suerte de suspensión individual del derecho al secreto de las comunicaciones".

En base a ello, el Tribunal falla otorgando el amparo al recurrente y declara vulnerado su derecho al secreto de las comunicaciones.

En lo que respecta al secreto de las comunicaciones específicas, es preciso señalar que el artículo 51 de la Ley General Penitenciaria, en su apartado segundo, establece que estas comunicaciones, que tendrán lugar en departamentos apropiados para la comunicación[75], únicamente podrán ser intervenidas o suspendidas mediante autorización judicial[76] y en casos de terrorismo, y tal y como apunta el profesor Reviriego[77], haciendo referencia a dos sentencias del Constitucional[78], dichos requisitos son acumulativos.

---

[75] Lo cual, a tenor de la sentencia del Tribunal Constitucional 58/1998, de 16 de marzo, no viene a implicar una exclusión de las comunicaciones escritas, sino únicamente una especificación de la forma en la que han de celebrarse las orales.

[76] Y nunca mediante decisión administrativa, tal y como aclara el artículo 48.3 del Reglamento Penitenciario.

[77] Reviriego Picón, F., "Los derechos fundamentales del recluso en la jurisprudencia constitucional", *cit.*, p. 148.

[78] *Vid.* a este respecto las sentencias del Tribunal Constitucional 183/1994, de 20 de junio y 197/1994, de 4 de julio.

5.1.4. Derecho a la tutela judicial efectiva

Como sabemos, el artículo 24.1 de nuestra Carta Magna reconoce el derecho de todos a la tutela judicial efectiva por parte de jueces y tribunales. Y en su apartado 2, el mencionado precepto dispone lo siguiente:

> "Todos tienen derecho al Juez ordinario predeterminado por la ley, a la defensa y a la asistencia de letrado, a ser informados de la acusación formulada contra ellos, a un proceso público sin dilaciones indebidas y con todas las garantías, a utilizar los medios de prueba pertinentes para su defensa, a no declarar contra sí mismos, a no confesarse culpables y a la presunción de inocencia".

Por lo tanto, observamos que este derecho tiene distintas facetas, y todas ellas deben ser también aseguradas a la población reclusa.

Tal y como ha señalado el Tribunal Constitucional, a pesar de que el artículo 24.2 de la Constitución española no se puede entender completamente aplicable a los procedimientos disciplinarios[79], lo cierto es que las garantías procedimentales en él expuestas habrán de ser aplicadas, con ciertos matices, al Derecho administrativo sancionador, para preservar los valores esenciales que se encuentran en la base del precepto y la seguridad jurídica que garantiza el artículo 9 de nuestra Carta Magna[80].

A continuación estudiaremos varias de las sentencias, a nuestro juicio, más esclarecedoras, sobre supuestas vulneraciones de este derecho en algunas de sus diversas vertientes.

Una sentencia del Tribunal Constitucional muy reveladora y completa en esta materia, por cuanto trata del derecho a la defensa y a la asistencia de letrado, a un proceso público y con todas las garantías, así como del derecho a emplear los medios de prueba pertinentes para su defensa, es la 2/1987, de 21 de enero, en respuesta a un recurso de amparo promovido por un preso contra los Acuerdos de la Junta de Régimen y Administración de la Prisión de Basauri relativos a sanciones disciplinarias, y también contra los Autos de 17 de agosto y 8 de octubre de 1985, del juez de vigilancia

[79] Véanse el fundamento jurídico sexto de la sentencia del Tribunal Constitucional 2/1987, de 21 de enero, y el fundamento jurídico tercero de la sentencia del mismo tribunal 297/193, de 18 de octubre.

[80] Reviriego Picón, F., "Los derechos fundamentales del recluso en la jurisprudencia constitucional", *cit.*, p. 154.

penitenciaria de Bilbao, los cuales confirmaban los mencionados acuerdos sancionadores. El recurrente de amparo estima violados, en lo que ahora nos compete, su derecho a la asistencia de letrado; así como su derecho a un proceso público con todas las garantías, que le garantiza ser oído por un tribunal independiente e imparcial que atienda la acusación en primera instancia (condición que no se produjo en la Junta que resolvió los expedientes incoados); y el derecho a emplear los medios de prueba pertinentes para su defensa (puesto que no se le permitió emplear el idioma euskera, derecho reconocido en el artículo 3.2 de nuestra Constitución[81], así como en el artículo 231.3 de la Ley Orgánica del Poder Judicial[82]). Por ello, el Alto Tribunal dispone en el fundamento jurídico sexto de su sentencia que:

> "Al no haber podido contar [el recurrente] para preparar su defensa, con la asistencia de Letrado, y al habérsele denegado de forma no razonada pruebas de descargo, se ha producido una infracción de derechos reconocidos en el art. 24 de la Constitución, tutelables en amparo".

Y en consecuencia, concede el amparo por vulneración de dichos derechos.

Por otra parte, y acerca de los derechos a ser informado de la acusación y a la presunción de inocencia, resulta esclarecedora la sentencia del Alto Tribunal 192/1987, de 2 de diciembre, que responde a un recurso de amparo promovido por un interno del Centro Penitenciario de Bilbao. El recurrente alega las vulneraciones de los referidos derechos fundamentales debido a que, respecto al primer derecho, no le fueron comunicadas las denuncias que motivaron la incoación del expediente disciplinario y, respecto del segundo, no se practicó en el expediente prueba alguna que desvirtuase la presunción de inocencia.

Sin embargo, en este caso, el Tribunal desestima el amparo, por entender que no se vulneró el derecho a ser informado de la acusación pues, como señala en el apartado a) del fundamento jurídico segundo:

---

[81] Artículo 3.2 de la Constitución española:

> "Las demás lenguas españolas serán también oficiales en las respectivas Comunidades Autónomas de acuerdo con sus Estatutos".

[82] Artículo 231.3 de la Ley Orgánica del Poder Judicial:

> "Las partes, sus representantes y quienes les dirijan, así como los testigos y peritos, podrán utilizar la lengua que sea también oficial en la Comunidad Autónoma en cuyo territorio tengan lugar las actuaciones judiciales, tanto en manifestaciones orales como escritas".

"El derecho a ser informado de la acusación se cumple con el traslado del pliego de cargos a través del cual el sometido al expediente disciplinario tiene conocimiento de los hechos que se le imputan y de la calificación jurídica que éstos merecen para la Administración, sin que el conocimiento de la denuncia constituya una exigencia constitucional, salvo que se pretenda utilizar como material probatorio de cargo (…), circunstancia ésta que no es apreciable en el caso contemplado".

Y tampoco considera lesionado el derecho a la presunción de inocencia dado que, según razona en la letra e) del mismo fundamento jurídico:

"[La presunción de inocencia] garantiza que nadie será condenado o sancionado sin que existan pruebas sobre los hechos imputados, y en el caso de autos existe un parte de [un] funcionario en el que se relatan los hechos de indisciplina y desobediencia por los cuales es sancionado el demandante y otro (...) sobre los mismos hechos, ambos testigos presenciales de ellos, y esta prueba, dada la peculiaridad de los expedientes disciplinarios en materia penitenciaria, es suficiente para que la Junta, primero, y el juez de vigilancia, después, pudieran tener por desvirtuada la presunción de inocencia".

En lo referente al derecho de acceso a los recursos, podemos citar, por ejemplo, la sentencia del Tribunal Constitucional 235/2005, de 26 de septiembre, en contestación a un recurso de amparo presentado por un recluso contra el Auto del Juzgado de Vigilancia Penitenciaria núm. 3 de Cataluña, de 2 de octubre de 2002[83], por entender que vulnera su derecho a la tutela judicial efectiva en su dimensión del derecho de acceso a los recursos, debido a que no se pronuncia sobre la viabilidad o inviabilidad del recurso de apelación ante la Audiencia Provincial que el solicitante de amparo había interpuesto subsidiariamente, tampoco da trámite al mencionado recurso y no contiene indicación alguna acerca de la firmeza de la resolución y los posibles recursos que cabrían.

El Alto Tribunal concluye por conceder el amparo al recurrente, pues en el fundamento jurídico quinto dispone que:

"La efectiva vulneración del derecho a la tutela judicial efectiva sufrida por el demandante (…) viene dada por la completa ausencia de indicación acerca de la firmeza

[83] Dicho auto es desestimatorio del recurso de reforma interpuesto contra el Auto de 2 de septiembre de 2002, el cual confirma el acuerdo de la Junta de tratamiento del Centro penitenciario denegatorio de la concesión de un permiso de salida.

o recurribilidad de la resolución, así como, por ende, acerca de la viabilidad de la apelación subsidiariamente interpuesta, toda vez que no ha tenido respuesta alguna al recurso de apelación que formuló subsidiariamente".

Para dar por finalizado este sucinto análisis acerca del respeto a los derechos fundamentales de los reclusos y sus frecuentes vulneraciones, nos parece acertado hacer eco de un breve párrafo reflejo del pensamiento del sociólogo mexicano Luis González Placencia, el cual, confiamos, invite a la reflexión:

> "Uno de los escenarios en los que la defensa de los derechos humanos ha requerido de mayor esfuerzo y dedicación ha sido, sin duda, el ámbito penitenciario. Las razones de ello pueden ser múltiples, pero lo cierto es que la cárcel es un espacio privilegiado para el abuso de poder, dadas las condiciones de vulnerabilidad en las que se encuentran los internos; por otra parte ha sido también un espacio de olvido, porque con frecuencia se piensa que un interno es básicamente una persona que ha hecho daño a la sociedad y que por lo tanto debe ser castigado sin miramientos"[84].

5.2. La prohibición de la tortura y de penas o tratos crueles

Ahora analizaremos otra importante limitación a la pena de prisión, basada en la interdicción de la tortura y de penas o tratos crueles, inhumanos o degradantes.

Y estudiaremos las manifestaciones de dicha limitación tanto en el Derecho español como en el Derecho internacional que vincula a nuestro país.

5.2.1. En el Derecho español

A nivel interno, la Constitución española en su precepto número 15 prohíbe expresamente la tortura y las penas o tratos inhumanos o degradantes[85].

---

[84] González Placencia, L., *Manual de derechos humanos del interno en el sistema penitenciario mexicano*, México, Comisión Nacional de Derechos Humanos, 1995, p. 11.

[85] Artículo 15 de la Constitución española:

> "Todos tienen derecho a la vida y a la integridad física y moral, sin que, en ningún caso, puedan ser sometidos a tortura ni a penas o tratos inhumanos o degradantes (...)".

Esto se concreta en la legislación penitenciaria a través del precepto 6 de la Ley Orgánica General Penitenciaria, el cual reza así:

> "Ningún interno será sometido a malos tratos de palabra u obra".

Y también se refleja en el apartado 2 a) del artículo 4 del Reglamento Penitenciario, en el que se establece el derecho de los internos a que la Administración Penitenciaria vele por sus vidas, su integridad y su salud, y en el que se proscriben las torturas, los malos tratos de palabra u obra y el rigor innecesario en la aplicación de las normas.

Y en cuanto a la interpretación que a "tratos inhumanos o degradantes" debe darse, es preciso apuntar que, según nuestro Tribunal Constitucional, se trata de:

> "Nociones graduadas de una misma escala que, en todos sus tramos, denotan la causación, sean cuales fueren los fines, de padecimientos físicos o psíquicos ilícitos e infligidos de modo vejatorio para quien los sufre y con esa propia intención de vejar y doblegar la voluntad del sujeto paciente"[86].

5.2.2. En el Derecho internacional

Derivado del artículo 10.2 de nuestra Carta Magna, a la hora de interpretar las normas sobre derechos fundamentales debemos acudir a la Declaración Universal de Derechos Humanos y a los demás tratados y acuerdos internacionales ratificados por España[87]. Es por ello que debemos prestar una especial atención, en lo que a la prohibición de torturas y de penas o tratos crueles, inhumanos o degradantes se refiere, a los siguientes instrumentos internacionales.

Señala el profesor de Derecho penal Jesús Barquín Sanz, que el primer instrumento internacional pensado para tiempos de paz en el que se prohíben expresamente tanto la tortura como los malos tratos es la Declaración Universal de los

---

[86] *Vid.* el fundamento jurídico noveno de la sentencia del Tribunal Constitucional 120/1990, de 27 de junio.

[87] Artículo 10.2 de la Constitución española:

> "Las normas relativas a los derechos fundamentales y a las libertades que la Constitución reconoce se interpretarán de conformidad con la Declaración Universal de Derechos Humanos y los tratados y acuerdos internacionales sobre las mismas materias ratificados por España".

Derechos Humanos[88], firmada en París en el año 1948, cuyo precepto 5 reza lo siguiente:

> "Nadie será sometido a torturas ni a penas o tratos crueles, inhumanos o degradantes".

Asimismo, el Convenio Europeo para la Protección de los Derechos Humanos y de las Libertades Fundamentales, firmado en Roma en el año 1950, también prohíbe las torturas y las penas o tratos inhumanos o degradantes en su artículo 3:

> "Nadie podrá ser sometido a tortura ni a penas o tratos inhumanos o degradantes".

Por otra parte, las Reglas Mínimas para el Tratamiento de los Reclusos, adoptadas por el Primer Congreso de las Naciones Unidas sobre Prevención del Delito y Tratamiento del Delincuente[89] y aprobadas por el Consejo Económico y Social[90], engloban la administración general de las penitenciarías, y son aplicables a todas las categorías de reclusos. Además, cabe señalar que hoy en día siguen siendo las normas empleadas por numerosas organizaciones de derechos humanos, intergubernamentales y no gubernamentales, para determinar el tratamiento de los reclusos. Y bien, el precepto 31 de las mencionadas Reglas hace una prohibición expresa de las sanciones crueles, inhumanas o degradantes, y equipara a las mismas las penas corporales y los encierros en celdas oscuras[91].

En este mismo sentido, el Pacto Internacional de Derechos Civiles y Políticos de 1966 establece en su artículo 7 que:

> "Nadie será sometido a torturas ni a penas o tratos crueles, inhumanos o degradantes".

[88] Barquín Sanz, J., *Los delitos de tortura y tratos inhumanos o degradantes*, Madrid, Edersa, 1992, p. 29.

[89] Celebrado en Ginebra en 1955, y en el que concurrieron 51 gobiernos, 43 organizaciones no gubernamentales y 512 participantes.

[90] En sus resoluciones 663C (XXIV) de 31 de julio de 1957 y 2076 (LXII) de 13 de mayo de 1977.

[91] Artículo 31 de las Reglas Mínimas para el Tratamiento de los Reclusos:

> "Las penas corporales, encierro en celda oscura, así como toda sanción cruel, inhumana o degradante quedarán completamente prohibidas como sanciones disciplinarias".

Por su parte, la Convención contra la Tortura y Otros Tratos o Penas Crueles, Inhumanos o Degradantes, hecha en Nueva York en 1984, señala en el primer apartado de su primer artículo que habrá de entenderse por tortura:

> "Todo acto por el cual se inflija intencionadamente a una persona dolores o sufrimientos graves, ya sean físicos o mentales, con el fin de obtener de ella o de un tercero información o una confesión, de castigarla por un acto que haya cometido, o se sospeche que ha cometido, o de intimidar o coaccionar a esa persona o a otras, o por cualquier razón basada en cualquier tipo de discriminación, cuando dichos dolores o sufrimientos sean infligidos por un funcionario público u otra persona en el ejercicio de funciones públicas, a instigación suya, o con su consentimiento o aquiescencia. No se considerarán torturas los dolores o sufrimientos que sean consecuencia únicamente de sanciones legítimas, o que sean inherentes o incidentales a éstas".

Para a continuación establecer, en el precepto 3, que los Estados firmantes se cuidarán de imposibilitar los actos de tortura en el territorio de su jurisdicción, tomando para ello las medidas de tipo administrativo, legislativo y judicial necesarias[92].

No debemos preterir el Conjunto de Principios para la Protección de Todas las Personas Sometidas a Cualquier Forma de Detención o Prisión, adoptado por la Asamblea General de las Naciones Unidas en su resolución 43/173, de 9 de diciembre de 1988, y en cuyo principio sexto prohíbe el sometimiento de cualquier persona privada de libertad a sufrir tortura o penas y tratos crueles, inhumanos o degradantes[93].

También la Carta de los Derechos Fundamentales de la Unión Europea del año 2000 prohíbe la tortura y las penas o tratos inhumanos o degradantes en su artículo 4[94].

---

[92] Artículo 2.1. de la Convención contra la Tortura y Otros Tratos o Penas Crueles, Inhumanos o Degradantes de 10 de diciembre de 1984:

> "Todo Estado parte tomará medidas legislativas, administrativas, judiciales o de otra índole eficaces para impedir los actos de tortura en todo territorio que esté bajo su jurisdicción".

[93] Principio 6 del Conjunto de Principios para la Protección de Todas las Personas Sometidas a Cualquier Forma de Detención o Prisión:

> "Ninguna persona sometida a cualquier forma de detención o prisión será sometida a tortura o a tratos o penas crueles, inhumanos o degradantes (...)".

[94] Artículo 4 de la Carta de los Derechos Fundamentales de la Unión Europea:

> "Nadie podrá ser sometido a tortura ni a penas o tratos inhumanos o degradantes".

Es asimismo reseñable, en el marco del Consejo de Europa, el Convenio Europeo para la Prevención de la Tortura y de las Penas o Tratos Inhumanos o Degradantes de 2002, que modifica el Convenio homónimo de 1987 en virtud de lo establecido en los Protocolos nº 1 y nº 2[95], por el que se crea un Comité Europeo para la Prevención de la Tortura y de las Penas o Tratos Inhumanos o Degradantes, con el fin de establecer un procedimiento no judicial y de carácter preventivo, consistente en visitas de un órgano internacional para reforzar la protección contra la tortura y las penas o tratos inhumanos o degradantes, tal y como aclara su artículo 1.

5.2.3. La situación *de facto*

Sin embargo, y a pesar de todas estas medidas protectoras, ateniéndonos a la realidad debemos saber que la prohibición de la tortura y de los tratos inhumanos o degradantes sufre sistemáticas violaciones, lo cual se desprende, por ejemplo, de los datos suministrados por la Secretaría General de Instituciones Penitenciarias, que revelan que en 2012 se realizaron en España un total de 73 informes de inspección concernientes a denuncias por malos tratos, de los cuales, sabemos que 41 fueron archivados por falta de pruebas[96]. En la mayoría de estos casos, los reclusos denuncian haber sido víctimas de un uso injustificado de la fuerza por parte de los funcionarios[97]. Y lamentablemente, los datos revelan que en el año 2012 el Defensor del Pueblo incoó la alarmante cifra de 66 expedientes por trato incorrecto por parte de las fuerzas y cuerpos de seguridad hacia los reos, y 35 por malos tratos[98].

Por ello nos parece relevante hacer una breve referencia al procedimiento que se lleva a cabo ante un presunto caso de tortura, o de trato inhumano o degradante.

Pues bien, cuando llega a conocimiento del Defensor del Pueblo —entendido éste como institución— un acto que, en el marco de un organismo penitenciario, semeja

---

[95] Los cuales entraron en vigor el 1 de marzo de 2002.

[96] Para mayor información ver el Informe Anual del Defensor del Pueblo: Mecanismo Nacional de Prevención de la Tortura, Madrid, Imprenta Nacional Agencia Estatal Boletín Oficial del Estado, 2013, p. 79.

[97] *Ibid.*, p. 196.

[98] *Ibid.*, p. 197.

ser uno de los anteriormente citados, se abre un expediente en el cual se solicita mayor información a la Administración Penitenciaria acerca del caso en particular. Sin embargo, dicha investigación será suspendida si, habiendo sido ya iniciada, algún interesado decide interponer ante la jurisdicción ordinaria o incluso ante el Tribunal Constitucional una demanda o un recurso. Y lo cierto es que este tipo de hechos se ven siempre sometidos a conocimiento judicial, lo cual, por supuesto, no evita hacer un seguimiento de la investigación a través del Ministerio Fiscal[99], el cual, por otra parte, juega cada vez un rol más activo contra este tipo de delitos, tal y como queda patente en su Memoria del año 2012, en la cual promueve tratar de manera individualizada los delitos de malos tratos y tortura en sus mecanismos de registro[100].

En último lugar, no nos gustaría dar por finalizado este epígrafe sin hacer una pequeña reflexión acerca de si la prisión perpetua implica o no una pena cruel, inhumana o degradante para los condenados, ya que existe un sector de autores que así lo consideran, y entre ellos podemos destacar al catedrático de Derecho penal Torío López, para quien:

> "La reclusión perpetua (...) es la forma suprema de ataque a la dignidad en los sistemas penales contemporáneos"[101].

Sin embargo, desde el seno del Tribunal Europeo de Derechos Humanos, se ha llegado a la conclusión, demasiado comedida a nuestro entender, de que la pena de cadena perpetua absoluta, esto es, no revisable, genera conflictos en relación con el ya mencionado artículo 3 del Convenio Europeo de Derechos Humanos, en la medida en que el preso no conserva esperanza alguna de regresar al mundo exterior. Pero entiende el Tribunal, sin embargo, que la cadena perpetua revisable sí acata la prohibición del precepto 3, al ofrecer al condenado la posibilidad de su futura conmutación o suspensión[102].

---

[99] *Ibid.*, pp. 195 y 196.

[100] *Ibid.*, p. 179.

[101] Torío López, Á., "La prohibición constitucional de las penas y tratos inhumanos o degradantes", en *Poder Judicial*, nº 4, diciembre 1986, p. 81.

[102] Cuerda Riezu, A., *La cadena perpetua y las penas muy largas de prisión: por qué son inconstitucionales en España*, Barcelona, Atelier, 2011, p. 92.

Por su parte, el Tribunal Constitucional español ha declarado en diversas ocasiones que uno de los motivos, aunque no el único, para entender que una pena es inhumana o degradante, es la duración de la misma. Así se plasma en el fundamento jurídico cuarto de la sentencia 65 /1986, de 22 de mayo:

> "Depende de la ejecución de la pena y de las modalidades que ésta reviste, de forma que por su propia naturaleza la pena no acarree sufrimientos de una especial intensidad (penas inhumanas) o provoquen una humillación o sensación de envilecimiento que alcance un nivel determinado, distinto y superior al que suele llevar aparejada la simple imposición de la condena".

También expresa el mismo parecer en el fundamento jurídico noveno de la sentencia 91/2000, de 30 de marzo[103]; y en el fundamento jurídico séptimo de la sentencia 162/2000, de 12 de junio[104].

En nuestra opinión, la condena de una persona a cumplir una pena de cadena perpetua sí llegaría a constituir una violación de la prohibición de imponer penas inhumanas o degradantes, en la medida en que se está impidiendo la que debiera ser la principal función de la pena, sobre la que hemos hablado anteriormente, véase la resocialización del sujeto. Parece que una privación de libertad por el resto de la vida del reo viene a responder más bien a una función retribucionista de la pena, y dado los tiempos que corren, creemos debiera extinguirse esta anquilosada manera de entender la función de la pena.

---

[103] Sentencia del Tribunal Constitucional 91/2000, de 30 de marzo, Fundamento Jurídico 9:

> "(...) la calificación como inhumana o degradante de una pena no viene determinada exclusivamente por su duración, sino que exige un contenido material (...)".

[104] Sentencia del Tribunal Constitucional 162/2000, de 12 de junio, Fundamento Jurídico 7:

> "(...) el recurrente, por una parte, no justifica la imposición de la pena de reclusión perpetua a los hechos que sustentan los mandamientos de prisión, y, por otra, no expresa cuál sería el modo de cumplimiento de dicha pena ni el grado de sujeción que comporta, ni justifica que su ejecución vaya a consistir obligadamente en un riguroso encarcelamiento indefinido, sin posibilidades de atenuación y flexibilización. No desarrolla, en fin, argumento alguno del que se derive el carácter supuestamente inhumano y degradante de dicha pena (...)".

6. DURACIÓN DE LA PENA DE PRISIÓN

Con la entrada en vigor de la Ley Orgánica 15/2003, de 25 de noviembre, el 1 de octubre del año 2004, por la que se modifica la Ley Orgánica 10/1995, de 23 de noviembre, del Código Penal, se ha modificado la duración de la pena de prisión, y el número dos del artículo 36 del Código Penal ahora reza que la pena de prisión tendrá una extensión mínima de tres meses[105] y máxima, a tenor del artículo 76.1 del Código, de veinte años[106], pudiendo alcanzar, en determinados supuestos excepcionales, los cuarenta o llegando incluso a ser permanente[107].

Pues como veremos en el segundo punto de este epígrafe, tras la entrada en vigor, el 1 de julio de 2015, de la Ley Orgánica 1/2015, de 30 de marzo, por la que de nuevo se modifica el Código Penal, pasa a contemplarse en nuestro catálogo de sanciones la prisión permanente revisable, lo que se refleja en la actual redacción del precepto 35:

> "Son penas privativas de libertad la prisión permanente revisable, la prisión, la localización permanente y la responsabilidad personal subsidiaria por impago de multa. Su cumplimiento, así como los beneficios penitenciarios que supongan acortamiento de la condena, se ajustarán a lo dispuesto en las leyes y en este Código".

---

[105] La pena de prisión con un mínimo de tres meses se contempla para el delito de lesiones, regulado en el artículo 147.1 del Código.

[106] Artículo 76.1 del Código Penal:

> "(...) el máximo de cumplimiento efectivo de la condena del culpable no podrá exceder del triple del tiempo por el que se le imponga la más grave de las penas en que haya incurrido, declarando extinguidas las que procedan desde que las ya impuestas cubran dicho máximo, que no podrá exceder de 20 años (...)".

[107] Artículo 76.1 del Código Penal:

> "(...) Excepcionalmente, este límite máximo será:
>
> a) De 25 años, cuando el sujeto haya sido condenado por dos o más delitos y alguno de ellos esté castigado por la ley con pena de prisión de hasta 20 años.
>
> b) De 30 años, cuando el sujeto haya sido condenado por dos o más delitos y alguno de ellos esté castigado por la ley con pena de prisión superior a 20 años.
>
> c) De 40 años, cuando el sujeto haya sido condenado por dos o más delitos y, al menos, dos de ellos estén castigados por la ley con pena de prisión superior a 20 años.
>
> d) De 40 años, cuando el sujeto haya sido condenado por dos o más delitos de terrorismo de la sección segunda del capítulo V del título XXII del libro II de este Código y alguno de ellos esté castigado por la ley con pena de prisión superior a 20 años.
>
> e) Cuando el sujeto haya sido condenado por dos o más delitos y, al menos, uno de ellos esté castigado por la ley con pena de prisión permanente revisable, se estará a lo dispuesto en los artículos 92 y 78 bis".

6.1. Privaciones de libertad de larga duración

Como señala Cuerda Riezu, en el marco del Consejo de Europa se ha establecido que una pena de prisión cuya duración exceda los cinco años, puede ser considerada de larga duración[108].

Actualmente está constatado que las penas superiores a quince años de prisión pueden llegar a impedir la resocialización de los reclusos, lo cual imposibilita el objetivo previsto en el precepto 25.2 de nuestra Carta Magna[109] y en el artículo 10.3 del Pacto Internacional de Derechos Civiles y Políticos de 1996[110].

A este respecto, estableciendo una limitación a las penas privativas de libertad, la sentencia del Tribunal Supremo 1325/1992, de 30 de mayo establece que el precepto 25.2 de la Constitución española:

> "Tiene vocación generalizadora en todo el sistema penológico en el sentido de estar orientado hacia la resocialización, que no puede conseguirse o resulta muy difícil su consecución cuando se produce, en función de las circunstancias, una excesiva exasperación de las penas, por ello éstas no pueden exceder del triple de la más grave ni tampoco de treinta años"[111].

Y en este mismo sentido, el catedrático de Derecho penal Muñoz Conde, ha advertido que:

> "Las más recientes investigaciones criminológicas han puesto de relieve que las penas privativas de libertad de más de quince años de duración producen graves alteraciones en la personalidad del que las sufre, produciendo un efecto desocializador contrario a la readaptación social que como finalidad de las penas y medidas privativas de libertad se establece en el artículo 25.2 de la Constitución (…). A partir de los quince

[108] Cuerda Riezu, A., *La cadena perpetua y las penas muy largas de prisión: por qué son inconstitucionales en España*, *op. cit.*, p. 73.

[109] Artículo 25.2 de la Constitución española:

> "Las penas privativas de libertad y las medidas de seguridad estarán orientadas hacia la reeducación y reinserción social y no podrán consistir en trabajos forzados (…)".

[110] Artículo 10.3 del Pacto de Derechos Civiles y Políticos:

> "El régimen penitenciario consistirá en un tratamiento cuya finalidad esencial será la reforma y la readaptación social de los penados (…)".

[111] Sentencia del Tribunal Supremo 1325/1992, de 30 de mayo (RJ 1992\5034).

años de una pena de prisión deben buscarse otros medios de control para aquellos delincuentes que puedan suponer un peligro para la convivencia"[112].

Además, según el Informe presentado por el Ministro de Justicia de la Federación Rusa en la Vigesimocuarta Conferencia de Ministros Europeos de Justicia, que tuvo lugar en Moscú en 2001, se reconoció lo siguiente:

> "Según profundos estudios rusos consagrados a los efectos de las penas de larga duración sobre la personalidad y el comportamiento de los condenados, así como a los aspectos sociales, psicológicos y otros de las penas de larga duración, una pena de más de diez años impuesta a un condenado que haya cometido por primera vez una infracción grave, o una pena de más de siete años impuesta al autor no reincidente de una infracción menos grave, se revelan ineficaces. Las consecuencias nefastas del aislamiento prolongado del recluso en relación con el resto de la sociedad y la ausencia de correlación entre la duración de la prisión y la enmienda del condenado figuran entre los argumentos que juegan a favor de la reducción de la duración de las penas (...)"[113].

Asimismo, la sentencia de la Gran Sala del Tribunal Europeo de Derechos Humanos, de 4 de diciembre de 2007, Dickson contra Reino Unido, recuerda que las políticas penales en Europa evolucionan y conceden una creciente importancia al objetivo de la reinserción, muy especialmente cuando concluye una larga condena privativa de libertad.

Y de otro, lado, la Resolución (76) 2 del Consejo de Europa sobre el tratamiento de reclusos sometidos a privación de libertad de larga duración, adoptada el 17 de febrero de 1976, admite que la ejecución de penas de prisión de larga duración puede provocar efectos muy negativos, tanto en los presos como en el entorno que les rodea.

No obstante, la cuestión de la resocialización de los ex convictos la abordaremos con más detalle *ut infra*, en el epígrafe titulado Prisión y reinserción social.

---

[112] Muñoz Conde, F., "Adiciones de Derecho español a H. H. Jescheck", en *Tratado de Derecho penal. Parte general*, vol. 2, Barcelona, Bosch, 1981, p. 1071.

[113] *Vid.* la Vigesimocuarta Conferencia de Ministros Europeos de Justicia, Moscú, 4 y 5 de octubre de 2001, *Boletín de información penológica*, nº 23 y 24, 2002, p. 12.

6.2. La prisión perpetua

En primer lugar, debemos hacer una distinción entre la cadena perpetua absoluta, no revisable, que consiste en excluir al penado de la sociedad, imposibilitándole su vuelta a la misma; y la cadena perpetua revisable, la cual, si da lugar a la excarcelación del penado, sí permite la reinserción del mismo en la sociedad de la que fue apartado.

Partiendo de esta base, observamos que la prisión perpetua no revisable nunca puede llegar a cumplir el fin resocializador de la pena. Y en este sentido, en el año 2007, el que era Comisario de Derechos Humanos del Consejo de Europa, Thomas Hammarberg, declaró lo siguiente:

> "Las penas de reclusión realmente perpetuas también niegan el principio humano según el cual un individuo puede cambiar. Por supuesto que hay delincuentes reincidentes, pero también hay ejemplos de reclusos que se han reformado (...). La reinserción es un valor a proteger, no a socavar"[114].

Por otra parte, existen muchos Estados de nuestro entorno que también la contemplan en su catálogo de sanciones, la mayoría de ellos, con opción a revisión, como por ejemplo: Italia, Irlanda, Francia, Alemania, Suiza, Dinamarca, Austria y Grecia; por su parte, en Luxemburgo no es revisable en caso de asesinato, terrorismo o atentado contra el Estado. Cabe en este punto hacer alusión a la sentencia del Tribunal Constitucional Federal Alemán de 21 de junio de 1977, en la que éste se pronunció en contra de la cadena perpetua absoluta por entender que, desde un punto de vista constitucional, la prisión perpetua debe brindar al condenado una esperanza de posible libertad, para lo cual es necesario que la legislación estatal regule la suspensión de la pena de cadena perpetua.

Y el afán de nuestro legislador por asemejarnos a nuestros vecinos europeos —el cual queda patente en el Preámbulo de la Ley 1/2015, de 30 de marzo, por la que es

---

[114] *Vid.* Hammarberg, Th., "Time to re-examine the use of life sentences", Viewpoints, 2007, www.coe.int/commissioner/Vierwpoints/previous2007_en.asp.

modifica nuestro Código Penal[115]—, le ha llevado a incluir la pena de prisión permanente revisable dentro de nuestro Ordenamiento Jurídico[116].

Dicha pena está pensada para delitos que revistan una especial gravedad, tales como genocidio, crímenes de lesa humanidad, homicidio del Jefe del Estado o de su heredero, de Jefes de Estado extranjeros o asesinatos especialmente graves —aquéllos acotados en el artículo 140 del Código Penal[117]—, en los cuales, la Ley Orgánica 1/2015, de 30 de marzo, encuentra la justificación precisa para llevar a cabo lo que denomina una "respuesta extraordinaria"[118].

No obstante, antes de tener lugar esta reforma, lo cierto es que *de facto* ya existía en nuestro Ordenamiento la pena de prisión permanente, dado que en ciertos supuestos, mencionados en las letras c) y d) del precepto 76 del Código Penal, las penas de privación de libertad podían —y pueden— llegar a alcanzar los 40 años, lo que en determinados casos aboca a los reos a concluir su vida en el presidio[119].

Pero la condena perpetua, a pesar de su revisibilidad implica, bajo nuestro punto de vista, un severo retroceso en la política criminal de un Estado de Derecho como el

---

[115]Ley 1/2015, de 30 de marzo, por la que se modifica la Ley Orgánica 10/1995, de 23 de noviembre, del Código Penal:

> "[La cadena perpetua revisable constituye] un modelo extendido en el Derecho comparado europeo que el Tribunal Europeo de Derechos Humanos ha considerado ajustado a la Convención Europea de Derechos Humanos".

[116] Véase el anteriormente transcrito artículo 35 del Código Penal.

[117] El mencionado precepto hace referencia a los asesinatos de menores de dieciséis años o de personas especialmente vulnerables; a los que subsiguen a un delito contra la libertad sexual; a los cometidos en el seno de una organización criminal; así como a los asesinatos reiterados o en serie.

[118] Ley 1/2015, de 30 de marzo, por la que se modifica la Ley Orgánica 10/1995, de 23 de noviembre, del Código Penal:

> "La reforma introduce una nueva pena de prisión permanente revisable, que podrá ser impuesta únicamente en supuestos de excepcional gravedad (...) en los que está justificada una respuesta extraordinaria mediante la imposición de una pena de prisión de duración indeterminada (prisión permanente)".

[119] Cuerda Riezu, A., *La cadena perpetua y las penas muy largas de prisión: por qué son inconstitucionales en España*, *op. cit.*, p. 21:

> "(...) la extraordinaria duración de algunas penas individuales puede dar lugar a que determinados reclusos, en función de su edad y de sus circunstancias personales en relación con el tratamiento penitenciario, estén condenados en la práctica a una verdadera privación perpetua de libertad (...)".

nuestro, pues parece vulnerar el ya mencionado artículo 25.2 de nuestra Constitución; y a pesar de que el legislador aduce que dicha medida no implica en absoluto la renuncia al fin primordial de la pena de prisión, la reinserción[120], y arguye que el Tribunal Europeo de Derechos Humanos la estima apropiada al Convenio Europeo de Derechos humanos —por considerar que la revisibilidad de la condena implica que ésta no contravenga el precepto 3 de la mencionada Convención—; nos resulta cuanto menos complicado llegar a comprender cómo el encierro permanente de una persona puede invitarla y ayudarla a reinsertarse en una sociedad en la que probablemente —y decimos probable por no descartar la lejana posibilidad de que algún día pueda ser excarcelada debido a la revisibilidad de su pena— no vuelva a convivir . Y es que los propios términos permanente y revisable resuenan en nuestros oídos incongruentes e irreconciliables entre sí.

En este sentido, los detractores de la prisión perpetua aducen que es contraria a la teoría de la prevención especial del fin de las penas, puesto que, como hemos señalado, es incompatible con la reinserción social de los condenados.

Pero por su parte, quienes la defienden, alegan su eficacia en el marco de la prevención general, dado que provoca un efecto intimidatorio en los criminales, disuadiéndolos de delinquir. Sin embargo se ha demostrado que esto no es así, pues, entre otros estudiosos del tema, Helmut Kury y Martin Brandestein han comprobado lo siguiente:

> "Tanto las experiencias de Estados Unidos como las de países europeos (como Finlandia o incluso Alemania) muestran que aumentar el número de reclusiones

---

[120] Ley 1/2015, de 30 de marzo, por la que se modifica la Ley Orgánica 10/1995, de 23 de noviembre, del Código Penal:

> "La prisión permanente revisable (...) de ningún modo renuncia a la reinserción del penado: una vez cumplida una parte mínima de la condena, un tribunal colegiado deberá valorar nuevamente las circunstancias del penado y del delito cometido y podrá revisar su situación personal. La previsión de esta revisión judicial periódica de la situación personal del penado, idónea para poder verificar en cada caso el necesario pronóstico favorable de reinserción social, aleja toda duda de inhumanidad de esta pena, al garantizar un horizonte de libertad para el condenado".

penitenciarias, y sobre todo la duración de las mismas, especialmente de personas que han cometido delitos graves, no influyen apenas en los índices de delincuencia"[121].

En definitiva, a este respecto nos queda concluir, tal y como observa el profesor Cuerda Riezu, que ni las penas más leves aumentan el número de delitos, ni tampoco las penas más graves los reducen[122].

---

[121] Acerca del tema *vid.*, Kury, H. y Brandestein, M., "Sobre la cuestión de una nueva punitividad. Actitudes sancionadoras y política sancionadora", en vv.aa., *Derecho penal y Criminología como fundamento de la política criminal. Estudios en homenaje al Profesor Alfonso Serrano Gómez*, Madrid, Dykinson, 2006, pp. 369 y ss.

[122] Cuerda Riezu, A., *La cadena perpetua y las penas muy largas de prisión: por qué son inconstitucionales en España*, *op. cit.*, p. 57.

7. EFECTOS PSICOLÓGICOS Y SOCIALES DE LA PENA DE PRISIÓN

En este epígrafe analizaremos los efectos psicológicos y los efectos sociales que en los individuos causa la privación de libertad.

7.1. Efectos psicológicos

Cabe destacar que los efectos psicológicos del internamiento pueden ser estudiados desde dos perspectivas diferentes: bien a partir de las consecuencias sobre la conducta global de todos los internos, en su conjunto; o bien a partir de las consecuencias sobre la conducta individual de cada uno de ellos[123].

7.1.1. Efectos sobre el comportamiento individual

La mayor parte de los estudios realizados hasta el momento acerca de las consecuencias específicas de la reclusión en los rasgos individuales de los sujetos han centrado su atención en dos campos únicamente, a saber: el de la personalidad y el intelectual. Pero lo cierto es que dichas investigaciones no han aportado datos reveladores sobre el tema, puesto que los resultados obtenidos en los mismos han sido verdaderamente dispares[124].

Sin embargo, los expertos sí han llegado a la conclusión de que, realmente, durante la estancia en prisión, se producen variaciones en ciertos elementos.

De este modo, numerosas investigaciones han determinado que la reclusión produce en los reos un significativo aumento del nivel de ansiedad, así como la aparición o la agravación de tendencias depresivas, un descenso de la autoestima y un grave aumento de la inestabilidad emocional[125]. En este sentido, en el año 2000, el Comité Europeo para la prevención de la tortura y de las penas o tratos inhumanos o degradantes, reconoció que:

---

[123] A este respecto ver, Díez González, P. R. y Álvarez Díaz, J. A., *Los efectos psicosociales de la pena de prisión*, Valencia, Tirant lo Blanch, 2009, pp. 45 y ss.

[124] *Ibid.*, pp.52 y 53.

[125] *Ibid.*, p. 53.

"[Los reclusos de larga duración] se institucionalizan [y] pueden quedar afectados por una serie de problemas psicológicos como la pérdida de autoestima y el deterioro de las capacidades sociales (...)"[126].

Asimismo, de la investigación llevada a cabo en los años 2002 y 2003 en la prisión de El Dueso, en Cantabria, con internos de larga duración (todos ellos con más de diez años de prisión cumplidos), por el psicólogo del Cuerpo Superior de Técnicos de Instituciones Penitenciarias, Pedro Ramón Díez González, y por el coordinador de Trabajo Social del Centro Penitenciario de El Dueso, José Antonio Álvarez Díaz, se deriva que las condenas de larga duración fomentan un grave descenso en las funciones de cálculo, memoria y atención; una disminución del rendimiento cognitivo; un incremento de las alteraciones psicopatológicas; un preocupante aumento de psicoticismo; un alto grado de paranoidismo y un alto nivel de depresión[127].

7.1.2. Efectos sobre el comportamiento global

Llegados a este punto, se hace preciso mencionar que existe una tradicional discusión entre quienes sostienen que las conductas pro delictivas se generan dentro de la cárcel, y por su parte, quienes defienden que las mismas proceden del ámbito externo.

Así, autores como Sykes o Messinger entienden que es la propia prisión la que origina los comportamientos antisociales, al obligar a los reos a adaptarse a aquélla. Los mencionados autores, en sus *teorías de los modelos funcionalistas*, indican que en las prisiones existe un código de conducta denominado *código del recluso*, el cual es siempre contrario al establecido por la institución penitenciaria. Dicho código, aceptado en mayor o menor medida por la gran mayoría de los reos, impone a éstos ciertas

[126] *Vid.*, Comité Europeo para la Prevención de la Tortura y de las Penas o Tratos Inhumanos o Degradantes, Undécimo Informe General de Actividades, relativo al período del 1 de enero al 31 de diciembre de 2000, hecho público el 3-9-2001, p. 17.

[127] Para mayor información ver, Díez González, P. R. y Álvarez Díaz, J. A., *Los efectos psicosociales de la pena de prisión*, *op. cit.*, pp. 161 y 162.

conductas y pautas de comportamiento antagónicas a la normativa institucional, así como de aversión hacia el mundo exterior que les ha castigado[128].

Sin embargo, autores como Cressey[129] o Wheeler[130], defienden los llamados *modelos de importación o de difusión*, los cuales consisten exactamente en lo contrario que los estudiados anteriormente, pues según ellos las conductas antisociales se propagan desde el exterior al interior de las prisiones. Tal y como se señala en *Los efectos psicosociales de la pena de prisión*[131], en un estudio llevado a cabo en varias cárceles escandinavas por Wheeler, éste constata que los reos apresados por vez primera son capaces de alejarse del entorno y no se unen al llamado *código del recluso*. Pero, a su vez, verifica que los reclusos más reincidentes y que proceden de la *subcultura delincuente*[132] ya habían obtenido con anterioridad su sistema de comportamiento en el mundo exterior.

7.2. Efectos sociales

A continuación trataremos la problemática de la exclusión social y las consecuencias que la estancia en prisión provoca en los reos como seres sociales[133] y sociables.

7.2.1. La problemática de la exclusión social

Podemos definir la exclusión social como "la negación de derechos sociales y oportunidades vitales fundamentales"[134]. Se trata, por ende, de un proceso en el que los

---

128 Sobre el tema *vid.*, Sykes, G. y Messinger, S., "The inmate social system", en *Theoretical studies in social organization of the prison*, Nueva York, Social Science Research, 1960.

129 Cressey, D. R., *The prison studies in institutional organization and change*, Nueva York, Rinhehart & Winston, 1961.

130 Wheeler, S., "Socialization in correctional communities", en *American Sociological Review*, vol. 26, 1961.

131 Díez González, P. R. y Álvarez Díaz, J. A., *Los efectos psicosociales…*, *op. cit.*, p. 50.

132 *Ibid.*, p. 50.

133 El *zoon politikon* del que hablaba Aristóteles, quien entendía al hombre como un animal social y político que desarrolla sus fines en el seno de una comunidad.

sujetos que lo conforman pueden tener circunstancias vitales completamente opuestas entre sí.

Por este motivo, los anteriormente mencionados Pedro Ramón Díez González y José Antonio Álvarez Díaz, en su obra *Los efectos psicosociales de la pena de prisión*, señalan que es realmente complicado establecer un entorno que sea general a los procesos de exclusión. Sin embargo, tras sus estudios, concluyen que sí se dan una serie de elementos interrelacionados que abocan a los sujetos a la terrible situación de exclusión social y, a estos efectos, enumeran los siguientes factores:

a) Factores socio-laborales, tales como el paro, la precariedad laboral, el endeudamiento o la falta de vivienda, entre otros.

b) Factores personales, así como minusvalías, adicciones, enfermedades, etcétera.

c) Factores sociales como, por ejemplo, el carecer de vínculos familiares o el aislamiento.

Y bien, será la interacción de varios de estos factores la que origine el inicio de los procesos de exclusión, convirtiendo en ardua tarea para quienes la sufren la tan deseada inserción.

7.2.2. Prisión y exclusión social

Por otra parte, los presos son sujetos vulnerables de caer en las garras de la exclusión social, debido a la situación de aislamiento en la que viven.

Además, teniendo en cuenta que la gran mayoría de los reclusos provienen de entornos marginales y sufren diferentes patologías mentales y adicciones, no nos resulta difícil comprender que en ellos convergen múltiples factores de exclusión social, actuando como causa y consecuencia simultáneamente[135], pues tal y como es definida en la obra *Los límites de la exclusión. Estudio sobre los factores económicos, psicosociales y de salud que afectan a las personas sin hogar en Madrid*:

---

[134] Díez González, P. R. y Álvarez Díaz, J. A., *Los efectos psicosociales…*, *op. cit.*, p. 57.

[135] *Ibid.*, p. 61.

"[La exclusión social] supone una acumulación de barreras que se interponen en la autonomía personal e impiden la participación en la vida social mayoritaria"[136].

Por ello, en el estudio llevado a cabo por los arriba referidos Díez González y Álvarez Díaz[137], se parte de la idea de que el cumplimiento de una condena de larga duración suele fomentar los procesos de exclusión social; llegando a definir a la prisión como:

"Un escenario en el que los individuos pierden posibilidades en el eje de integración laboral y en el eje de inserción socio-familiar"[138].

Y en este sentido, es comprensible que a medida que transcurre el tiempo de cumplimiento de las condenas, se van acumulando alrededor de los individuos factores diversos que, paulatinamente, los desplazan hacia la exclusión. A este respecto, podemos añadir que en el año 2000, el Comité Europeo para la prevención de la tortura y de las penas o tratos inhumanos o degradantes, advirtió lo siguiente:

"Cualquier encarcelamiento de larga duración puede entrañar efectos desocializadores para los reclusos (...) que tienden a despegarse cada vez más de la sociedad (...)"[139].

Llegados a este punto podemos establecer que el cumplimiento de las penas de prisión incrementa las causas de la exclusión social de los presos, existiendo una relación directamente proporcional entre el tiempo de condena cumplido y la existencia de dichas causas. Y es que los presos que cumplen condenas de larga duración acaban, irremediablemente, por adaptarse a las condiciones de vida en el presidio, lo cual produce efectos claramente negativos para su posterior vida en el exterior y su forma de relacionarse con los demás ciudadanos. Un claro ejemplo lo ofrece el filósofo Bertrand Russell quien, tras una breve estadía de seis meses en la cárcel, afirmó que su estancia

---

[136] Muñoz López, M., Vázquez Velarde, C. y Vázquez J. J., *Los límites de la exclusión. Estudio sobre los factores económicos, psicosociales y de salud que afectan a las personas sin hogar en Madrid*, Madrid, Ediciones Témpora, 2003.

[137] A este respecto ver, Díez González, P. R. y Álvarez Díaz, J. A., *Los efectos psicosociales de la pena de prisión, op. cit.*, pp. 62 y ss.

[138] *Ibid.*, p. 62.

[139] *Vid.*, Comité Europeo para la Prevención de la Tortura y de las Penas o Tratos Inhumanos o Degradantes, Undécimo Informe General de Actividades, relativo al período del 1 de enero al 31 de diciembre de 2000, hecho público el 3-9-2001, p. 17.

en la misma semejaba unas "vacaciones de responsabilidades"[140], pero esta situación de falta de obligaciones y, si se me permite la expresión, de quebraderos de cabeza, extrapolada a un reo liberado tras haber cumplido una pena de larga duración y que se ve compelido a asumir nuevas cargas y responsabilidades, puede provocarle una incómoda sensación de angustia y ansiedad, tal y como indica el catedrático Cuerda Riezu[141]. Y en los casos más extremos, esto puede derivar en un tipo de agorafobia, en miedo a salir al exterior, lo cual no hace más que agravar la situación de exclusión social a la que puede verse sometido el ex presidiario.

Además, es casi una obviedad señalar que la estancia en prisión empeora, de manera preocupante, la salud mental de los reclusos y sus capacidades para iniciar, nuevamente, la vida en libertad. Y como muestra de ello, podemos finalizar este epígrafe haciendo mención a las conclusiones derivadas del estudio llevado a cabo en los años 2002 y 2003 en la prisión de El Dueso con internos de larga duración, anteriormente citado, que revelan que las condenas de larga duración provocan la pérdida gradual de los vínculos familiares —deterioro que se acentúa a medida que se incrementa el tiempo de internamiento—, así como un empeoramiento del estado de salud física y mental de los reclusos, un bajo grado de superación de las adicciones y una percepción distorsionada de los internos acerca de sus posibilidades de reintegrarse en la sociedad[142].

---

[140] Russell, B., *Autobiografía*, Barcelona, Edhasa, 2010, p. 372.

[141] Cuerda Riezu, A., *La cadena perpetua y las penas muy largas de prisión: por qué son inconstitucionales en España*, *op. cit.*, p. 72.

[142] Díez González, P. R. y Álvarez Díaz, J. A., *Los efectos psicosociales de la pena de prisión*, *op. cit.*, pp. 163 y 164.

8. PRISIÓN Y REINSERCIÓN SOCIAL

En virtud del artículo 25.2 de nuestra Carta Magna —y del 10.3 del Pacto Internacional de Derechos Civiles y Políticos de 1966—, la pena de prisión nunca debe excluir, ya sea por las circunstancias de su cumplimiento o por su extensión, el fin de la reinserción social, ya que en ese supuesto la pena sería contraria al mencionado artículo y, por lo tanto, inconstitucional.

Y a estos efectos, en cuanto a las circunstancias del cumplimiento de la pena de prisión, entendemos que el sistema penitenciario progresivo español resulta altamente motivador para los reos, pues a medida que avanzan de grado ven mejorar a pasos agigantados sus condiciones de vida en la cárcel, llegando a alcanzar un régimen de semilibertad en el tercer grado —estudiado *ut supra*—, con una considerable atenuación de las medidas de control y vigilancia sobre su persona y llegando a disfrutar de permisos de salida, pues esta fase está destinada a capacitar al preso para su retorno a la vida en sociedad, tal y como especifica el número uno del artículo 83 del Reglamento Penitenciario:

> "La actividad penitenciaria en régimen abierto tiene por objeto potenciar las capacidades de inserción social positiva que presentan los penados clasificados en tercer grado, realizando las tareas de apoyo y de asesoramiento y la cooperación necesaria para favorecer su incorporación progresiva al medio social".

Como hemos visto en el epígrafe 3.2.2.2, en las teorías de la prevención especial la resocialización es el fin último de las penas, así como en la teoría mixta de Claus Roxin, quien indica que:

> "La finalidad de ayudar al autor del delito a tener una vida futura sin delitos es, como idea, el medio más constructivo de todos para tratar con la criminalidad. La resocialización ayuda al delincuente en la reintegración social y eleva sus oportunidades de vida"[143].

En este mismo sentido se postula Santiago Mir Puig, quien entiende que uno de los deberes del Estado social y democrático es la resocialización de los individuos, y explicita lo siguiente:

---

[143] Roxin, C., *La teoría del delito en la discusión actual*, Lima, Grijley, 2007, p. 74.

"Un Estado (...) social y democrático no puede renunciar a paliar la marginación del delincuente. La resocialización correctamente delimitada entra dentro de los cometidos de configuración social y de fomento de participación de todos en la vida social que corresponde al Estado democrático"[144].

Sin embargo, niegan radicalmente los efectos resocializadores de la pena de prisión Michael Foucault y Heriberto Asencio Catisán. El primero, por hacer notar que:

> "Desde 1820 se constata que la prisión, lejos de transformar a los criminales en gente honrada, no sirve más que para fabricar nuevos criminales o para hundirlos todavía más en la criminalidad"[145].

Y el segundo, por considerar que la estancia en prisión no puede en modo alguno resocializar al sujeto si lo aparta de la sociedad a la que se pretende que regrese, pues lo que provoca es la estigmatización del recluso[146].

En este punto, debemos tener presente, tal y como afirma García-Pablos de Molina, que no son ni el encierro ni el encarcelamiento los que rehabilitan, sino que es el tratamiento el que puede producir el impacto positivo en la conducta del reo[147].

Por otra parte, a la hora de interpretar el anteriormente aludido artículo 25.2 de nuestra Constitución, no podemos preterir la doctrina constitucional, la cual en diversas ocasiones se ha posicionado a favor de entender la resocialización como una finalidad legítima de las penas de prisión, pero no como la única, por lo que establece que no deben considerarse inconstitucionales las penas de prisión que atienden a otros fines de la pena, tales como la prevención o la retribución[148].

---

[144] Mir Puig, S., ¿Qué queda en pie de la resocialización", en *Eguzkilore*, núm. Extraordinario 3, 1989, p. 39.

[145] Foucault, M., *Microfísica del poder*, *op. cit.*, p. 90.

[146] Asencio Catisán, H., "La intervención judicial en la ejecución penal desde una perspectiva resocializadora", en *Poder y Control*, nº 3, Barcelona, 1987, p. 135.

[147] García-Pablos de Molina, A., "La prevención del delito y los principales centros de interés de la moderna criminología", en Archivos de criminología, criminalística y seguridad privada, nº 1, 2008, p. 2.

[148] *Vid.*, Delgado del Rincón, L. E., "La constitucionalización de la reeducación y la reinserción social como fin de las penas privativas de libertad", en Carcedo González, R. J. y Reviriego Picón, F., *Reinserción, derechos y tratamiento en los centros penitenciarios*, Salamanca, Amarú Ediciones, 2007, p. 85.

A este respecto podemos mencionar, *verbi gratia*, el auto del Tribunal Constitucional 15/1984, de 11 de enero, en respuesta a un recurso de amparo promovido contra una sentencia de la Audiencia Provincial de Sevilla, en la que se condena al recurrente a la pena de un mes y un día de arresto mayor y multa, como autor de un delito de desacato. El demandante de amparo aduce, en lo que ahora nos atañe, que la citada resolución judicial infringe el precepto 25.2 de la Constitución española, al perder cualquier sentido reeducador la pena impuesta cinco años después de la comisión de los hechos. El Tribunal inadmite a trámite el recurso, pues señala que el artículo invocado no contiene un derecho fundamental, sino:

> "(...) un mandato del constituyente al legislador para orientar la política penal y penitenciaria, mandato del que no se derivan derechos subjetivos"[149].

En este mismo sentido se orienta el auto 486/1985, de 10 de julio, del mismo tribunal, que inadmite un recurso de amparo contra la sentencia del Tribunal Supremo de 1 de abril de 1985, la cual condena al recurrente como autor de un delito de homicidio a la pena de doce años y un día de reclusión. El demandante señala que al ordenarse su privación de libertad, sin tener en cuenta lo establecido en la normativa en vigor cuando acontecieron los hechos objeto de enjuiciamiento, se desvía el sentido de las penas privativas de libertad, orientadas a la reinserción social y a la reeducación, por lo que invoca el artículo 25.2 de la Constitución española. El Tribunal Constitucional inadmite el recurso, y en su fundamento jurídico segundo establece lo siguiente:

> "Lo que dispone el art. 25.2 es que en la dimensión penitenciaria de la pena se siga una orientación encaminada a la reeducación y reinserción social, mas no que a los responsables de un delito, al que se anuda una privación de libertad, se les condone la pena en función de la conducta observada durante el período de libertad provisional".

También resulta destacable la sentencia del Tribunal Constitucional 28/1988, de 23 de febrero, en contestación a un recurso de amparo interpuesto contra la sentencia de la Sala Segunda del Tribunal Supremo de 13 de marzo de 1987, por la que se casó la dictada el 19 de marzo de 1986 por la Sección Segunda de la Audiencia Provincial de Barcelona, y que condena al demandante por delito de robo a una pena de dos años y cuatro meses de prisión. En este supuesto, el promovente de amparo alega que el precepto 25.2 de nuestra Constitución entiende las penas privativas de libertad no como

[149] *Vid.* el fundamento jurídico único del auto del Tribunal Constitucional 15/1984, de 11 de enero.

una medida retributiva, sino resocializadora del delincuente, y como en su persona, tras haber sido sometido a un tratamiento de desintoxicación, dicho fin ya se ha conseguido, comprende que su entrada en prisión vulnera el mencionado principio constitucional. En respuesta a ello, el Alto Tribunal establece que:

> "Aunque no debe desconocerse la importancia del principio constitucional en él contenido, el art. 25.2 no confiere como tal un derecho amparable que condicione la posibilidad y la existencia misma de la pena a esa orientación"[150].

Por lo tanto, observamos que el Alto Tribunal entiende que no puede hablarse de un derecho fundamental de los presos a la reeducación y a la reinserción social protegible por la vía del amparo, sino que se trata de un mandato del constituyente a nuestro legislador para guiar la política penal y penitenciaria.

De otro lado, es imprescindible comprender que para la pretendida reinserción social de los reos, se convierte en altamente necesaria la disposición de recursos, tanto humanos como materiales. Pero en el caso español es bien cierto que se dirigen escasos medios hacia dicho objetivo, lo que, unido a la restringida labor de los Servicios Sociales Penitenciarios dentro de la Administración Penitenciaria, hace que en la mayoría de los casos particulares, el fin de la resocialización no llegue a buen puerto. En palabras textuales de Díez González y de Álvarez Díaz:

> "A la hora de determinar si la salida de la cárcel conduce a la libertad o hacia una mayor exclusión social, el problema no sólo es el deterioro personal y psicológico, o las condiciones sociales, o la existencia de expectativas irreales de los internos, sino también la escasez y el mal uso de los recursos humanos y materiales de la Administración, para proveer de oportunidades de normalización, de integración y de inclusión"[151].

Asimismo, Cabrera Cabrera[152] entiende que también el enfoque del tratamiento penitenciario está mal planteado, ya que siempre se ha centrado únicamente en tratar de

---

[150] A este respecto véase el fundamento jurídico segundo de la sentencia del Tribunal Constitucional 28/1988, de 23 de febrero

[151] Díez González, P. R. y Álvarez Díaz, J. A., *Los efectos psicosociales de la pena de prisión*, *op. cit.*, p. 160.

[152] Cabrera Cabrera, P. J., "Cárcel y Exclusión", en *Revista del Ministerio de Trabajo y Asuntos Sociales*, nº 35, 2002.

modificar las conductas de los reclusos y los aspectos de sus personalidades que se entienden viciados. Sin embargo, aboga por un tratamiento más profundo de las conductas delictivas, intentando cambiar el germen de dichos comportamientos delictuales, que es, en la mayoría de los casos, la marginación social de procedencia de los reos y de sus familias.

A este respecto, ya en el Sexto Congreso de Naciones Unidas sobre Prevención del Delito y Tratamiento del Delincuente, celebrado en Caracas en el año 1980 —en el que participaron un total de 102 gobiernos y 38 organizaciones no gubernamentales—, se apuntó que las estrategias para prevenir la delincuencia deben consistir en la eliminación de las circunstancias y causas que producen el delito, y en su Resolución 1, sobre tendencias del delito y estrategias para su prevención, se señala lo siguiente:

> "Teniendo presente que el problema de la delincuencia obstaculiza el progreso hacia el logro de una calidad admisible de vida para todas las personas,
>
> Teniendo presente asimismo que la estrategia básica para la prevención del delito debe consistir en eliminar las causas y condiciones que lo ocasionan,
>
> Observando que las causas fundamentales del delito en muchos países son la desigualdad social, la discriminación racial y nacional, el bajo nivel de vida, el desempleo y el analfabetismo de importantes capas de la población,
>
> (...)
>
> Teniendo presente además que la prevención del delito sólo puede rendir frutos mediante un análisis concreto de las tendencias del delito inherentes a un país y región determinados, así como a través de la utilización de medios y métodos de prevención del delito tales que correspondan a las peculiaridades históricas, socioeconómicas y culturales de los respectivos países,
>
> 1. Exhorta a todos los Estados Miembros de las Naciones Unidas a que tomen todas las medidas que estén a su alcance para eliminar las condiciones de vida que rebajan la dignidad humana y conducen al delito, inclusive el desempleo, la miseria, el analfabetismo, la discriminación racial y nacional y las diferentes formas de desigualdad social (...)".

No obstante, para el profesor García-Pablos de Molina, el pensamiento de la resocialización no es más que un *cajón de sastre*:

> "Un lema bajo el cual militan muy distintas concepciones del Derecho. Hay en él muchas y nobles esperanzas, pero también, muchas y absurdas contradicciones, utopías, mitos, e incluso bellas palabras que encubren engañosos afanes represivos"[153].

[153]García-Pablos de Molina, A., "La supuesta función resocializadora del Derecho penal", en *Anuario de Derecho penal y ciencias penales*, Tomo 32, 1979, p. 695.

9. ALTERNATIVAS A LA PENA DE PRISIÓN

Si, llegados a este punto, y habiendo estudiado las dificultades que sufren los ex convictos para reinsertarse en la sociedad, consideramos la prisión como algo nocivo y que sólo debe ser empleado en última instancia, se vuelve altamente relevante estudiar las posibles alternativas a la pena de prisión.

En consonancia con este planteamiento se encuentra el pensamiento del catedrático de Derecho penal Antonio Beristain quien, a nuestro entender muy acertadamente, advierte lo siguiente:

> "Las cárceles en el mundo entero son un absurdo trágico: palomas con alas de plomo y cianuro en el alpiste; Saturno devorando a sus hijos. Se crearon para repersonalizar al delincuente y defender a la sociedad, pero las hemos transformado en polvorines que amenazan desintegrar al delincuente y a la sociedad. Las hemos convertido en universidades en donde se cursan verdaderas carreras criminales. En vez de cárceles tenemos máquinas cínicas como hornos crematorios que mantienen cadáveres vivos sufrientes. Los ciudadanos, individualmente y/o agrupados en instituciones no gubernamentales, debemos ofrecer ayudas reales a los internos para que éstos puedan protagonizar su autorrepersonalización, como se hace ya en algunas ciudades. La prisión abierta, la probación, el trabajo en servicio a la comunidad y otras medidas nuevas de control social han de centrar la atención más en la víctima y menos en la justicia vindicativa"[154].

Por otra parte, antes de dar comienzo al estudio de las actuales alternativas a la pena de prisión, debemos hacer un inciso para aclarar que, si bien tras la reforma penal de 2015 nuestro Código Penal incluye la sustitución de la pena como un supuesto de suspensión de la ejecución de la misma, dado que la regula en la Sección 1 del Capítulo III del Título III del Libro Primero, denominada "De la suspensión de la ejecución de las penas privativas de libertad"[155]; en este análisis nos ceñiremos, con un propósito

[154] Beristain, A., "Las cárceles del mundo nos exigen más atención, sinceridad y colaboración", en *Revista del Instituto Latinoamericano de las Naciones Unidas para la Prevención del Delito y Tratamiento del Delincuente*, nº 23 y 24, San José, Ilanud, 1988-1989, pp. 77 y 78.

[155] Incluyendo únicamente dentro de la Sección 2, denominada "De la sustitución de las penas privativas de libertad", la sustitución de las penas de prisión de más de un año impuestas a un ciudadano extranjero por su expulsión del territorio nacional.

didáctico, a un esquema que diferencie entre suspensión de la ejecución y medidas sustitutivas, para favorecer una mejor comprensión.

9.1. Suspensión

Entendiendo el encierro en prisión como *ultima ratio*, la legislación penitenciaria regula la suspensión de la misma, lo que implica el no cumplimiento de la pena de prisión debido a ciertas circunstancias.

A continuación estudiaremos la suspensión de la pena para la generalidad de los casos, y la suspensión en casos especiales por razón del sujeto penado.

9.1.1. Suspensiones generales

A pesar de que en el Código Penal se contemplan otros dos supuestos de suspensión de la ejecución de la pena de prisión[156], en estos momentos únicamente nos interesa la suspensión regulada en la Sección 1 del Capítulo III del Título III del Libro Primero, es decir, la suspensión como modo de evitar las penas cortas de prisión.

A estos efectos, el artículo 80.1 del Código establece que, mediante resolución motivada, los jueces o tribunales podrán suspender la ejecución de las penas privativas de libertad —en nuestro estudio nos centraremos únicamente en la pena de prisión— que no sean superiores a dos años, teniendo presentes:

> "(...) las circunstancias del delito cometido, las circunstancias personales del penado, sus antecedentes, su conducta posterior al hecho, en particular su esfuerzo para reparar el daño causado, sus circunstancias familiares y sociales, y los efectos que quepa esperar de la propia suspensión de la ejecución y del cumplimiento de las medidas que fueren impuestas".

Se presta especial interés a la peligrosidad del sujeto así como a la existencia de otros procedimientos penales contra el mismo, ya que uno de los requisitos exigidos en el inciso siguiente es, como veremos, que se trate de un delincuente primario.

[156] Véanse los artículos 4.4 y 60 del Código Penal.

Pues bien, el artículo 80.2 de nuestro Código Penal señala las condiciones que deben concurrir para declarar la suspensión de la ejecución de la pena privativa de libertad. Veámoslas:

a) Que el penado haya delinquido por primera vez, excluyendo aquellos delitos imprudentes o leves, así como los antecedentes penales que hayan sido o debieran ser cancelados.

b) Que la pena o la suma de las penas impuestas no supere los dos años de privación de libertad.

c) Que el condenado haya satisfecho o se comprometa a satisfacer —en el plazo que el juez o el tribunal estipulen— las responsabilidades civiles ocasionadas en la medida en que sus posibilidades económicas se lo permitan, así como el decomiso de bienes a que hace referencia el artículo 127 del mismo Código.

De todos modos, como señalaremos en el epígrafe 9.1.2., se contemplan una serie de supuestos en los que, atendiendo a las particulares circunstancias del penado, el juez o tribunal pueden conceder la suspensión de la condena aunque no se cumplan todos los requisitos mencionados.

En cuanto a la extensión del plazo de suspensión de la pena —que comenzará a computar desde la fecha de la resolución que la acuerda— el artículo 81 apunta que:

> "(...) será de dos a cinco años para las penas privativas de libertad no superiores a dos años, y de tres meses a un año para las penas leves, y se fijará por el juez o tribunal, atendidos los criterios expresados en el párrafo segundo del apartado 1 del artículo 80.
>
> En el caso de que la suspensión hubiera sido acordada de conformidad con lo dispuesto en el apartado 5 del artículo anterior[157], el plazo de suspensión será de tres a cinco años".

---

[157] Hace referencia a las situaciones en las que —como veremos *ut infra*—, aunque el condenado fuese reincidente y la suma de sus penas superase los dos años, el juez o tribunal le otorga la suspensión de la pena no superior a 5 años por entender que el delito fue perpetrado debido a su dependencia al alcohol o a la drogadicción.

No obstante, la suspensión está condicionada al cumplimiento de una serie de requisitos, entre los cuales destaca la prohibición de delinquir durante el periodo señalado por el juez. Y en el caso que ahora nos ocupa, de suspensiones de la pena de prisión, el número uno del precepto 83 de nuestro Código Penal permite al juez establecer determinados deberes, tales como:

a) La prohibición de acercarse a la víctima o a quienes determine el juez, e incluso de comunicarse con ellos.

b) La prohibición de establecer contacto con personas determinadas o con miembros de un grupo determinado, cuando existan indicios que permitan suponer fundadamente que tales sujetos pueden facilitarle la ocasión para cometer nuevos delitos o incitarle a hacerlo.

c) El deber de mantener su lugar de residencia en un lugar determinado con prohibición de abandonarlo o ausentarse sin autorización judicial.

d) La prohibición de residir o de acudir a determinados lugares.

e) El deber de comparecer personalmente ante el juez o tribunal, dependencias policiales o servicio de la administración señalado al efecto para informar de sus actividades.

f) El deber de realizar actividades formativas, laborales, culturales, de educación vial, sexual, etcétera.

g) El deber de participar en programas de deshabituación o de tratamiento de adicciones.

h) La prohibición de conducir vehículos de motor que no dispongan de dispositivos tecnológicos que condicionen su encendido o funcionamiento a la comprobación previa de las condiciones físicas del conductor.

i) La obligación de realizar los demás deberes que el juez o tribunal hayan considerado adecuados para la rehabilitación social del condenado.

Y en virtud de los incisos 3 y 4 del artículo 83 corresponde, respectivamente, a las Fuerzas y Cuerpos de Seguridad del Estado y a los Servicios de Gestión de Penas y Medidas Alternativas de la Administración penitenciaria —en referencia a las funciones de esta Administración véase también el artículo 18.1 del Real Decreto 840/2011, de 17 de junio[158]—, velar por el cumplimiento de las reglas de conducta impuestas y verificar su acatamiento.

Pues si no se acatan, se aplicarán las consecuencias previstas en el artículo 86 del Código, a saber:

a) Revocar la suspensión si el penado delinque durante el periodo de suspensión; incumple de manera grave o reiterada las prohibiciones y deberes impuestos según el artículo 83 o las condiciones impuestas según el artículo 84; se sustrae al control de la Administración penitenciaria; o no proporciona la información necesaria acerca de su patrimonio o el paradero de sus bienes o no resarce las responsabilidades civiles a que hubiera sido condenado.

b) Imponer al penado nuevas prohibiciones, deberes o condiciones; o prorrogar el plazo de suspensión —sin que pueda exceder de la mitad de la duración inicialmente fijada— si el incumplimiento de las reglas de conducta impuestas no hubiera tenido carácter grave o reiterado.

La consecuencia de la revocación de la suspensión es, obviamente, la ejecución de la condena. Sin embargo, apunta el artículo 87 que el transcurso del plazo de suspensión sin haber delinquido el sujeto y habiendo acatado, en su caso, las reglas de conducta impuestas, implica la remisión de su pena.

9.1.2. Suspensiones para casos específicos

En último lugar cabe mencionar una serie de excepciones establecidas en el Código Penal, referentes a penados terminales, a penados alcohólicos o toxicómanos y a condenados por delitos relacionados con la violencia de género.

[158] Real Decreto 840/2011, de 17 de junio, por el que se establecen las circunstancias de ejecución de las penas de trabajo en beneficio de la comunidad y de localización permanente en centro penitenciario, de determinadas medidas de seguridad, así como de la suspensión de la ejecución de la penas privativas de libertad y sustitución de penas.

9.1.2.1. Penados terminales

En referencia a los condenados que padezcan enfermedad terminal, el artículo 80 del Código Penal indica en su número cuatro que el órgano sentenciador podrá conceder la suspensión de la pena sin sujeción a requisito alguno, salvo que en el momento de la comisión del delito tuviera ya otra pena suspendida por el mismo motivo.

9.1.2.2. Penados alcohólicos o drogodependientes

Y en relación a los condenados alcohólicos o drogodependientes, el Código muestra unas reglas más benignas para concederles la suspensión, a fin de favorecer su rehabilitación. Por ello, en su artículo 80.5 dispone que, aunque el penado sea reincidente, y la pena o suma de las penas impuestas sea superior a dos años, el órgano sentenciador podrá establecer la suspensión de las penas privativas de libertad que no superen los cinco años, siempre que el condenado hubiere perpetrado el delito debido a su dependencia a las bebidas alcohólicas, drogas tóxicas, estupefacientes, sustancias psicotrópicas u otras que produzcan efectos análogos —pues como sabemos, en virtud del artículo 20.2 del Código Penal el estado de intoxicación plena por consumo de cualesquiera de las mismas es una eximente de la responsabilidad penal— y siempre que se acredite que el penado se encuentra deshabituado o en proceso de deshabituación.

En este supuesto especial, además del acatamiento de las prohibiciones o deberes impuestos por el juez o tribunal, la suspensión de la pena se condiciona, a tenor del último párrafo del artículo 80.5, a que si el condenado se encuentra en proceso de deshabituación, finalice el tratamiento.

9.1.2.3. Penados agresores de género

Si bien con carácter general la imposición de las prohibiciones y deberes apuntados en las reglas 1ª, 4ª y 6ª del artículo 83.1 del Código Penal es una facultad del órgano sentenciador, para los supuestos de delitos relativos a violencia de género dicha facultad se transforma en obligación, tal y como se indica en el segundo inciso del mismo precepto.

9.2. Sustitución

En este epígrafe estudiaremos las penas sustitutivas aplicables en nuestro Derecho, si bien, como mencionamos anteriormente, en la actualidad se encuentran enmarcadas dentro de las medidas de suspensión de la ejecución de la pena. Por ello, en lo referente a su modificación, revocación y remisión nos remitimos a lo estudiado respecto a la suspensión.

9.2.1. Sustituciones generales

Podemos comenzar haciendo alusión a la Resolución 8 del Sexto Congreso de Naciones Unidas sobre Prevención del Delito y Tratamiento del Delincuente, celebrado en Caracas en 1980, la cual versa acerca de medios alternativos al encarcelamiento, y señala lo siguiente:

> "Reconociendo que el encarcelamiento sigue siendo una sanción pertinente para determinados delitos y delincuentes,
>
> Dándose cuenta de las ventajas sociales que tiene para la sociedad tratar a sus miembros de conducta desviada dentro de la comunidad en la medida de lo posible,
>
> Convencida de que en muchos casos los medios alternativos de las sentencias de encarcelamiento pueden ser igualmente efectivos,
>
> Estimando que la tendencia que se observa en muchos países de evitar siempre que sea posible la imposición de sentencias de encarcelamiento puede fomentarse sin riesgos innecesarios para la seguridad pública,
>
> (...)
>
> 1. Recomienda que los Estados Miembros;
>
>   a) Examinen sus legislaciones con miras a hacer desaparecer los obstáculos legales que se opongan a la utilización de los medios

alternativos del encarcelamiento en los casos pertinentes, en los países donde existen tales obstáculos;

b) Establezcan nuevos medios alternativos de las sentencias de encarcelamiento que puedan aplicarse sin riesgos innecesarios para la seguridad pública, con miras a incorporarlos a la legislación;

c) Se esfuercen por destinar los recursos necesarios para la aplicación de sanciones alternativas y garanticen, de conformidad con sus leyes nacionales, el uso adecuado de dichas sanciones en la mayor medida posible, en particular teniendo presente la necesidad de responder a las necesidades concretas de los grupos desfavorecidos y vulnerables de ciertas sociedades;

(...)

g) Desplieguen esfuerzos para informar al público de las ventajas de los medios alternativos del encarcelamiento, con objeto de fomentar la aceptación de estas medidas por parte del público (...)".

Tras esta referencia, procederemos a exponer las diez tesis alternativas al modelo de política criminal elaboradas por Claus Roxin y formuladas en su artículo "El desarrollo de la política criminal desde el proyecto alternativo"[159]. En ellas, el jurista alemán promueve un cambio en el Derecho penal del momento y defiende el establecimiento de medidas alternativas a la pena de prisión.

En la primera de sus tesis, Roxin propugna prescindir de la penalización de comportamientos inmorales:

> "El Derecho penal debe limitarse a la protección de bienes jurídicos. La preservación de la norma moral como tal no es misión del Derecho penal".

En la segunda, aboga por un Derecho penal fragmentario y subsidiario, es decir, empleado como último recurso:

> "El Derecho penal sólo debe emplearse para la protección de bienes jurídicos en tanto que *ultima ratio*. Consecuentemente hay que postular una descriminalización en

[159] Claus, R., "El desarrollo de la política criminal desde el proyecto alternativo", en *Política criminal y reforma del Derecho penal*, Bogotá, Temis, 1982, pp. 5 y ss.

aquellos campos en que ello sea compatible con la tarea del Derecho penal, la de asegurar el pacífico orden social".

En la tercera tesis señala que el fin general de la pena es la resocialización y no la retribución, lo que se desprende de su teoría mixta sobre la función de la pena, (abordada en el epígrafe 3.2.3 de este estudio):

> "La retribución, es decir, el saldo de la culpabilidad, no constituye el fin de la pena y no puede legitimar su imposición. La imposición de una pena puede basarse exclusivamente en la necesidad de prevención general o especial".

En la cuarta establece que hay que mantener el principio de culpabilidad, ya que es condición necesaria de toda pena:

> "Pese al abandono de la retribución, hay que seguir conservando el principio de culpabilidad. En cualquier caso la culpabilidad es condición necesaria, aunque no suficiente, de toda pena. La función político-criminal del principio de culpabilidad reside en la limitación del poder estatal y en la distinción entre pena y medida de seguridad. Es decir, el principio de culpabilidad representa una toma de posición respecto al sistema de doble vía".

En la quinta de sus tesis aborda específicamente el tema de las penas de presidio, y establece que se deben ejecutar como pena unitaria:

> "No deben existir diferentes clases de pena, graduadas según su gravedad. Más bien se trata de imponer y ejecutar una pena privativa de libertad como pena unitaria".

En la sexta busca nuevas maneras de sancionar que permitan eliminar las penas de prisión de corta duración, para así evitar la contaminación de la cárcel:

> "Como pena primaria hay que hacer desaparecer la pena privativa de libertad de hasta seis meses".

En las tesis séptima ("La pena privativa de libertad de hasta dos años hay que sustituirla, en la medida de lo posible, por la pena pecuniaria") y octava ("La pena pecuniaria puede ser sustituida por trabajo socialmente útil") pretende implantar la sustitución de las penas de prisión de hasta dos años de duración por penas pecuniarias o por trabajos en beneficio de la comunidad.

En la novena habla de la suspensión de la pena a prueba, en la que la prueba no sólo debe conllevar la remisión de la pena, sino también la supresión retroactiva de la condena:

> "En aquellos casos en que una pena privativa de libertad sea inadecuada, dada una prognosis fiable, debe ser suspendida a prueba, con carácter general, para la pena de hasta dos años, para las restantes una vez transcurrida la mitad del tiempo de las mismas. La prueba de las penas suspendidas de hasta dos años, debe comportar la cancelación retroactiva de antecedentes penales".

Y en la décima y última tesis, Roxin indica que la ejecución de las penas debe ser, en todo caso, socializadora:

> "La ejecución de las penas y medidas de seguridad debe estar organizada en la medida de lo posible como ejecución socializadora. Para ello debe seguirse el modelo que el Proyecto Alternativo de una Ley de Ejecución penal prevé".

Lo cierto es que el Código Penal español contempla, a lo largo de su articulado, una serie de medidas sustitutivas para las penas de privación de libertad de corta duración que no excedan de un año. Así, en el artículo 71.2 impone la obligación de sustituir las penas de prisión inferiores a tres meses por multa, trabajos en beneficio de la comunidad o localización permanente; en cuyo caso se sustituirá cada día de prisión por dos cuotas de multa, o por una jornada de trabajo o por un día de localización permanente.

Si bien, debemos tener muy presente que los motivos que llevan a instaurar dichas medidas alternativas a la pena de prisión no son únicamente motivos humanitarios, sino también económicos, pues no es difícil comprender que el mantenimiento de los presos en las cárceles acarrea grandes gastos para el Estado, mientras que las penas de multa o de trabajos en beneficio de la comunidad se sitúan en el lado opuesto, aportándole beneficios en una doble vía que podríamos considerar la antítesis del binomio "daño emergente-lucro cesante", esto es, lo que la Administración percibe, y lo que deja de perder. De ahí también que el artículo 89.1 de nuestro Código Penal prevea que las penas privativas de libertad superiores a un año impuestas a ciudadanos extranjeros, puedan ser sustituidas por la expulsión del penado del territorio español.

A continuación estudiaremos las alternativas más pormenorizadamente.

9.2.1.1. Localización permanente

La localización permanente ha sido introducida en nuestro sistema penitenciario a través de la Ley Orgánica 15/2003, de 25 de noviembre[160], aunque en palabras de Luis Roca Agapito:

> "No es más que una versión moderna del tradicional arresto domiciliario"[161].

A tenor del artículo 35 del Código Penal se trata de una pena privativa de libertad pues, como señala el precepto 37, la imposición de esta pena obliga al condenado a permanecer en su domicilio o bien en el lugar que el juez o tribunal haya establecido[162].

En cuanto a su duración cabe destacar que la Ley Orgánica 5/2010, de 22 de junio, por la que se modifica la Ley Orgánica 10/1995, de 23 de noviembre, del Código Penal, ha aumentado su límite máximo, pudiendo extenderse hasta los seis meses.

Por otra parte, y haciendo gala de una gran flexibilidad, el número dos del artículo 37 del Código permite que el órgano sentenciador, bajo solicitud del preso, si las circunstancias así lo aconsejan y una vez oído el Ministerio Fiscal, acuerde que la condena sea cumplida durante los fines de semana o de manera no continuada, para evitar efectos nocivos tales como la posible pérdida del trabajo.

Para garantizar el cumplimiento efectivo de la pena, el artículo 37.4 de nuestro Código Penal prevé que el juez o tribunal puede acordar la utilización de medios mecánicos o electrónicos que permitan la localización del penado.

---

[160] Por la que se modifica la Ley Orgánica 10/1995, de 23 de noviembre, del Código Penal.

[161] Roca Agapito, L., *El sistema de sanciones en el Derecho penal español*, *op. cit.*, p. 143.

[162] En el Real Decreto 840/2011, de 17 de junio, por el que se establecen las circunstancias de ejecución de las penas de trabajo en beneficio de la comunidad y de localización permanente en centro penitenciario, de determinadas medidas de seguridad, así como de la suspensión de la ejecución de la penas privativas de libertad y sustitución de penas, se hace una breve regulación de la pena de localización permanente, pero únicamente está orientada a cuando dicha pena es la principal, por lo que en este estudio no nos compete.

9.2.1.2. Multa

Tal y como aclara el artículo 50.1 del Código Penal, la pena de multa consiste en la aplicación de una sanción pecuniaria al penado[163]. También esclarece que esta pena ha de ser impuesta mediante el denominado *sistema días-multa*[164], con la salvedad de que la Ley disponga otra cosa, excepción que va referida a la multa proporcional del artículo 52.1[165], la cual no resulta aplicable cuando la multa opera como pena sustitutiva, y por ello la omitiremos en este estudio.

Y bien, el mencionado sistema consiste en imponer el pago de una determinada cantidad por cada día que dure la pena. Se trata, por lo tanto, de un modelo bifásico, ya que en primer lugar el juez o tribunal debe establecer la extensión de la multa (dentro de los límites establecidos para cada delito y según las reglas del capítulo II del Título III del Libro I) y, en segundo término, debe fijar la cuantía a abonar cada día, teniendo presente la situación económica del penado[166]. Sobra decir que respecto de cada parámetro, la resolución judicial ha de estar adecuadamente motivada.

Asimismo, el propio Código establece los márgenes dentro de los cuales debe operar el buen juicio de jueces y tribunales, y determina que las penas de esta naturaleza impuestas a las personas físicas[167] tendrán una duración de entre diez días y dos años, y que la cuota diaria a abonar será de un mínimo de dos euros hasta un máximo de 400. No obstante, en cuanto al tiempo y a la forma de pago, el sistema establecido es flexible, dado que el artículo 50.6 del Código Penal permite al tribunal imponer el pago anticipado de todas las cuotas, o bien prever pagos aplazados[168]. Además, para el

[163] En este punto conviene advertir que existen otros tipos de sanciones pecuniarias, también denominadas multas, que carecen de carácter penal, tales como la multa administrativa o la multa procesal, sobre las cuales no podemos extendernos en este estudio.

[164] O sistema escandinavo.

[165] Artículo 52.1 del Código Penal:

> "No obstante lo dispuesto en los artículos anteriores y cuando el Código así lo determine, la multa se establecerá en proporción al daño causado, el valor del objeto del delito o el beneficio reportado por el mismo".

[166] A este respecto véase el número cinco del artículo 50 del Código Penal.

[167] De las personas jurídicas no nos ocupamos en esta investigación, por referirnos únicamente a la pena de prisión, que únicamente puede ser impuesta y, por ende, sustituida, a personas físicas.

[168] Artículo 50.6 del Código Penal:

> "El tribunal, por causa justificada, podrá autorizar el pago de la multa dentro de un plazo que no exceda de dos años desde la firmeza de la sentencia, bien de una vez o en los plazos que se determinen (…)".

supuesto de que la capacidad económica del penado varíe durante el cumplimiento de la pena, en el artículo 51 se contempla la opción de alterar el importe de las cuotas así como los plazos.

Y para el caso que ahora nos compete, de la pena de multa como sustitutiva de la pena de prisión[169], el precepto 84.1.2ª de nuestro Código dispone que la extensión de la primera será determinada por el juez o tribunal, si bien:

> "(...) no podrá ser superior a la que resultase de aplicar dos cuotas de multa por cada día de prisión sobre un límite máximo de dos tercios de su duración".

A este respecto indica Luis Roca Agapito que en la práctica se ha demostrado ampliamente la valía de las penas de multa como eficaces sustitutivos de las penas cortas de privación de libertad, debido a que no causan los temibles efectos nocivos secundarios que acarrean las penas de prisión, por no olvidar que es un instrumento punitivo verdaderamente rentable para el Estado[170].

9.2.1.3. Trabajos en beneficio de la comunidad

La pena de trabajos en beneficio de la comunidad entró a formar de nuestro sistema punitivo con la promulgación del Código Penal de 1995, con la excepción de la legislación penal para menores que, en el artículo 17 de la Ley Orgánica 4/1992, de 5 de junio, Reguladora de la Competencia y el Procedimiento de los Juzgados de Menores, ya permitía la imposición de dicha sanción a los menores. No obstante, en aquel momento esta pena únicamente se contemplaba bien como pena sustitutiva de los ahora extinguidos arrestos de fin de semana, o bien como modo de cumplir con la responsabilidad subsidiaria por impago de multa. Sin embargo, tras las reformas legislativas llevadas a cabo por la Ley Orgánica 15/2003, de 25 de noviembre, por la

---

[169] A este respecto debemos aclarar que, tras la entrada en vigor de la Ley Orgánica 1/2015, de 30 de marzo, por la que se modifica la Ley Orgánica 10/1995, de 23 de noviembre, del Código Penal, esta medida de multa —como mencionamos anteriormente y al igual que, como veremos más adelante, la medida de trabajos en beneficio de la comunidad— no está contemplada como un sustitutivo de la pena de prisión, sino como una prestación a cuyo cumplimiento se condiciona la suspensión de la ejecución de la pena.

[170] Roca Agapito, L., *El sistema de sanciones en el Derecho penal español*, *op. cit.*, pp. 268 y 269.

que se modifica la Ley Orgánica 10/1995, de 23 de noviembre, del Código Penal; así como por la Ley Orgánica 1/2004, de 28 de diciembre, de Medidas de Protección Integral contra la Violencia de Género; por la Ley Orgánica 15/2007, de 30 de noviembre, por la que se modifica la Ley Orgánica 10/1995, de 23 de noviembre, del Código Penal en materia de seguridad vial; y también por la Ley Orgánica 5/2010, de 22 de junio, de modificación del Código Penal; se da protagonismo a la pena de trabajos en beneficio de la comunidad, erigiéndola como sanción originaria, a la vez que se introduce como pena sustitutiva de la prisión y se mantiene su función de modalidad de cumplimiento de la responsabilidad subsidiaria por impago de multa. Sin embargo, tras la última modificación del Código Penal, llevada a cabo por la Ley Orgánica 1/2015, de 30 de marzo, los trabajos en beneficio de la comunidad dejan de ser considerados un sustitutivo de la pena de prisión, para convertirse en una medida a cuya ejecución se supedita la suspensión de la pena.

Por su parte, en el ámbito comparado podemos decir que los distintos Ordenamientos que incluyen la pena estudiada en sus catálogos le han atribuido diferentes funciones. Así, en Irlanda, Reino Unido, Francia y Bélgica los trabajos en beneficio de la comunidad se pueden configurar como pena originaria. En los Ordenamientos portugués, francés, suizo, italiano, danés, noruego o finlandés, entre otros, pueden actuar como una pena alternativa a la prisión. Como modalidad de cumplimiento de la responsabilidad subsidiaria por impago de multa se contempla en Alemania, Italia y México. Y como sustitutivo directo del pago de la multa se contempla, por ejemplo, en Portugal y en Suiza. En los Estados Unidos o en Escocia, se incluye como un deber en el marco de la *probation* o suspensión de juicio a prueba[171]; y en los Ordenamientos alemán, francés, portugués o italiano también actúa como un deber en el marco de la suspensión condicional de la ejecución de la pena[172].

---

[171] La *probation* es una medida no aplicable en España, y consistente en la suspensión de la ejecución de la condena bajo libertad vigilada a penados no reincidentes, y a condición de que el sujeto mantenga una buena conducta y no reincida.

[172] Brandariz García, J. A., *La sanción penal de trabajos en beneficio de la comunidad*, Valencia, Tirant lo Blanch, 2009, pp. 41 a 52.

En el Ordenamiento Jurídico español, a la luz del artículo 49 del Código Penal y del artículo 2 del Real Decreto 840/2011, de 17 de junio[173], se establece que el condenado —siempre que consienta—, deberá participar, activamente y sin remuneración a cambio, en determinadas labores de "utilidad pública", las cuales —en relación con infracciones similares a la perpetrada— podrán consistir en la reparación del daño ocasionado o en dar apoyo a las víctimas, así como en la asistencia a talleres o programas formativos, de reeducación, etcétera.

En cuanto a la duración de los trabajos, el artículo 84.1.3ª de nuestro Código viene a señalar que:

> "(...) se determinará por el juez o tribunal en atención a las circunstancias del caso, sin que pueda exceder de la que resulte de computar un día de trabajos por cada día de prisión sobre un límite máximo de dos tercios de su duración".

Además, en el ya citado artículo 49 del Código, se establecen una serie de parámetros para la correcta ejecución de esta pena, a saber:

a) Los trabajos en beneficio de la comunidad no superarán las ocho horas diarias.

b) El juez de vigilancia penitenciaria será el encargado de controlar la ejecución de esta pena.

c) Esta pena no vulnerará la dignidad del condenado.

d) Será la Administración la que facilitará el trabajo a realizar por el penado.

e) Los condenados, durante la ejecución de esta sanción, se verán beneficiados por la legislación penitenciaria en materia de Seguridad Social.

f) Esta pena no estará condicionada a la consecución de ganancias económicas.

---

[173] Real Decreto 840/2011, de 17 de junio, por el que se establecen las circunstancias de ejecución de las penas de trabajo en beneficio de la comunidad y de localización permanente en centro penitenciario, de determinadas medidas de seguridad, así como de la suspensión de la ejecución de la penas privativas de libertad y sustitución de penas.

No obstante, si llegare a conocimiento del juez de vigilancia penitenciaria la ausencia injustificada del trabajo por parte del penado durante dos o más jornadas, o que su rendimiento es inferior al mínimo exigible, a pesar de los exhortos del responsable del centro de trabajo, o que incumple constantemente las indicaciones del mencionado responsable, o cualquier otro motivo por el que el mismo se oponga a mantenerlo en el centro; podrá establecer bien la continuación de la ejecución en el mismo establecimiento o en otro distinto, o bien podrá considerar que el condenado no ha cumplido la pena.

El profesor de Derecho penal José Ángel Brandariz García viene a indicar que debe hacerse una exhaustiva regulación de la pena de trabajos en beneficio de la comunidad para convertirla en una verdadera alternativa a la pena de prisión en ciertas franjas de criminalidad, pero asimismo aclara que debe imponerse como pena en infracciones de cierta gravedad, dado su carácter riguroso y severo[174]. Además, tal y como señala Joaquín Juan Albalate, es relevante que el trabajo sea lo más provechoso posible, tanto para el penado como para la institución para la que lo realice, a la vez que la actividad impuesta tenga la máxima relación con la infracción cometida, para que así el individuo tenga conciencia del resultado de su delito[175].

Sin embargo, como ocurre en todos los ámbitos de la vida, este método alternativo también levanta suspicacias, y sus detractores aducen que dicha pena es demasiado benigna, que origina competencia desleal en determinados perfiles ocupacionales debido a la falta de remuneración y, por este mismo motivo, algunos autores incluso la han llegado a calificar como trabajo forzado[176].

9.2.2. Sustituciones para casos específicos

Por otra parte, podemos hablar de alternativas específicas a la pena de prisión para personas que sufren problemas con el alcohol o drogadicción y también para quienes han cometido delitos relacionados con la violencia de género.

---

[174] Brandariz García, J. A., La sanción penal de trabajos en beneficio de la comunidad, *op. cit.*, p. 104.

[175] Albalate, J. J., "El trabajo en beneficio de la comunidad como alternativa a la prisión. Entre la aceptación y el rechazo", en *Revista Internacional de Sociología*, vol. 67, nº 2, p. 384, 2009.

[176] *Ibid.* pp. 389.

9.2.2.1. Penados alcohólicos o drogodependientes

El Código Penal contempla en su artículo 21, como circunstancia atenuante de la responsabilidad criminal del sujeto, que éste haya delinquido debido a su grave adicción al alcohol, o a las drogas tóxicas, estupefacientes, sustancias psicotrópicas u otras que produzcan efectos análogos. Y para este supuesto de eximente incompleta, y cuando la pena impuesta sea privativa de libertad —en esta investigación únicamente nos interesa la de prisión—, el precepto 104 del Código prevé que el juez o tribunal, además de imponer la pena correspondiente, puede aplicar la medida indicada en el artículo 102, consistente en internar al preso en un centro de deshabituación debidamente acreditado u homologado, durante un tiempo que no exceda de aquel establecido para la pena prevista para el delito cometido[177].

Pero, como vemos, no se trata realmente de una sustitución de la pena de prisión, sino de la imposición, al mismo tiempo, de una medida de seguridad. No obstante, dicha medida debe llevarse a cabo antes de cumplir la pena de prisión, y dado que el tiempo de tratamiento se abona como tiempo de cumplimiento de la pena, en muchos casos el condenado consigue evitar su entrada en prisión. Y en el supuesto de que reste tiempo de cumplimiento de la pena, la ejecución de la misma suele suspenderse bajo la condición de que el penado no delinca durante ese periodo de tiempo.

9.2.2.2. Penados agresores de género

Y en último lugar, como reza el artículo 84.2 del Código Penal, para el caso de que el condenado lo haya sido por delito relacionado con la violencia de género[178] el

---

[177] En la sentencia del Tribunal Supremo 3050/2000, de 11 de abril, se afirma que:

> "La posibilidad de aplicar las medidas de seguridad a la atenuante de grave adicción resulta de una interpretación lógica de las disposiciones reguladoras de las medidas de seguridad a un supuesto ontológicamente semejante (...)".

[178] La Ley se refiere en este punto a:

> "(...) un delito cometido sobre la mujer por quien sea o haya sido su cónyuge, o por quien esté o haya estado ligado a ella por una relación similar de afectividad, aun sin convivencia, o sobre los descendientes, ascendientes o hermanos por naturaleza, adopción o afinidad propios o del cónyuge o conviviente, o sobre los menores o personas con discapacidad necesitadas de especial protección que con él convivan o que se hallen sujetos a la potestad, tutela, curatela, acogimiento o guarda de hecho del cónyuge o conviviente".

pago de una multa como medida sustitutoria de la pena de prisión —o en línea con el Código, como condición para conceder la suspensión de la pena—:

> "(...) solamente podrá imponerse cuando conste acreditado que entre ellos no existen relaciones económicas derivadas de una relación conyugal, de convivencia o filiación, o de la existencia de una descendencia común".

Además, el juez o tribunal deberá imponer al penado la participación en programas específicos de reeducación y tratamiento psicológico, así como la prohibición de acudir a determinados lugares y de acercarse o comunicarse con la víctima o con quien el órgano enjuiciador disponga.

10. LIBERTAD CONDICIONAL

No podemos dar por finalizada esta investigación sin dedicar algunas líneas a la libertad condicional, figura que, tras la última reforma del Código Penal, ha quedado absorbida por la suspensión de la pena, convirtiéndose en una modalidad de esta última[179]. De ahí que constantemente los artículos 90, 91 y 92 del Código se refieran de manera conjunta a "la suspensión de la ejecución del resto de la pena de prisión y la libertad condicional" —aunque nosotros, en este estudio, nos referiremos a ella siempre como libertad condicional—. Y esto a pesar de que el inciso uno del precepto 72 de la Ley General Penitenciaria[180] sigue apuntando que, más que un sustitutivo de las penas, la libertad condicional es la última fase de su cumplimiento en el sistema progresivo.

Dicho lo cual, baste definirla como la antelación de la excarcelación del preso para que cumpla la última fase de su condena fuera de prisión. Será acordada por el juez de vigilancia penitenciaria, y el artículo 90.1 del Código Penal apunta los requisitos *sine qua non* para obtenerla, a saber:

a) Que los condenados estén cumpliendo el tercer grado de tratamiento penitenciario.

b) Que hayan finalizado las tres cuartas partes de la pena.

c) Que hayan mantenido un buen comportamiento.

Además, indica el propio artículo 90.1 que, en determinados supuestos[181], también será necesario que el penado haya resarcido sus responsabilidades civiles. Pues no se concederá la libertad condicional al reo que, en el caso de haber cometido delitos graves contra el patrimonio y contra el orden socioeconómico; contra los derechos de

---

[179] Con carácter previo a esta reforma penal, y a pesar de que el Código, como hace actualmente, regulaba la libertad condicional en el Capítulo III del Título III de Libro I, junto con las formas sustitutivas de la ejecución de las penas privativas de libertad; podíamos estudiarla como una figura independiente.

[180] Artículo 72.1 de la Ley Orgánica General Penitenciaria:

> "Las penas privativas de libertad se ejecutarán según el sistema de individualización científica, separado en grados, el último de los cuales será el de libertad condicional, conforme determina el Código Penal".

[181] Véanse los incisos 5 y 6 del artículo 72 de la Ley General Penitenciaria.

los trabajadores; contra la Hacienda Pública y contra la Seguridad Social; o delitos de cohecho, de tráfico de influencias, de malversación, de fraudes o exacciones legales, de negociaciones o actividades prohibidas a funcionarios públicos o abusos en el ejercicio de su función; así como delitos de terrorismo o cometidos en el seno de organizaciones criminales; no hubiere satisfecho la responsabilidad civil derivada de su delito.

En virtud de estas condiciones, se pretende asegurar que los excarcelados no vuelvan a delinquir en el mundo exterior[182] y que hayan alcanzado un mínimo grado de socialización.

No obstante, es preciso señalar que se contemplan tres excepciones al requisito temporal. La primera de ellas, y a tenor de lo dispuesto en el precepto 90.2 del Código, hace posible otorgar la libertad condicional a los presos que hubieren cumplido únicamente las dos terceras partes de la condena, siempre que hubieren participado en actividades laborales, culturales u ocupacionales durante el cumplimiento de la pena y acrediten encontrarse clasificados en tercer grado así como haber observado buena conducta.

Pero esta primera excepción temporal puede incluso ir más allá, puesto que el último párrafo del artículo 90.2 permite al juez de vigilancia adelantar la concesión de la libertad condicional, una vez extinguida la mitad de la condena, hasta un máximo de 90 días por cada año de condena cumplido. Para ello se requieren las condiciones a) y c) expuestas en el artículo 90.1; que el adelanto de la libertad condicional sea propuesto por las Instituciones Penitenciarias, previo informe del Ministerio Fiscal y de las demás partes; y que el preso haya participado de manera continuada en actividades laborales, culturales u ocupacionales y que acredite haber participado favorablemente en programas de reparación a las víctimas o programas de tratamiento o desintoxicación, en su caso.

La segunda excepción al requisito temporal del artículo 90.1 —que viene descrita en el 90.2— hace referencia a aquellos que están cumpliendo su primera pena de prisión y ésta no excede los tres años de duración —siempre que no hayan sido condenados por delitos contra la libertad e indemnidad sexuales—. En estos casos, y de

[182] A este respecto *vid.*, Roca Agapito, L., *El sistema de sanciones en el Derecho penal español*, *op. cit.*, p. 509.

manera excepcional, podrá el juez de vigilancia penitenciaria acordar la suspensión del resto de la pena y concederles la libertad condicional una vez que hayan extinguido la mitad de la condena; se encuentren clasificados en tercer grado; acrediten haber observado buena conducta y haber realizado actividades laborales, culturales u ocupacionales durante el cumplimiento de la pena.

La tercera excepción al requisito temporal atiende a razones humanitarias, puesto que está referido a los sentenciados mayores de setenta años y a los enfermos terminales. El artículo 91 del Código requiere que se cumplan las condiciones del artículo 90[183] —bajo el parecer del penalista Carlos Mir Puig son exigidas únicamente "encontrarse clasificado en tercer grado y observar buena conducta"[184]— y que, a criterio del juez de vigilancia, y en función de las circunstancias personales del preso, se adviertan en él claras dificultades para delinquir y una escasa peligrosidad[185].

De otro lado, en el caso de haber perpetrado delitos de terrorismo o haberlos cometido en el seno de organizaciones criminales, es preciso que el reo haya manifestado claros síntomas de haber abandonado los fines y los medios terroristas y haya colaborado activamente con las autoridades. No obstante, no resultan de aplicación a estos presos las excepciones al requisito temporal primera y segunda vistas anteriormente.

Por otra parte, tal y como su propio nombre indica, la libertad condicional está sujeta a una serie de condiciones, entre las cuales la más relevante es que el excarcelado no cometa delito alguno durante el periodo de tiempo que resta para el fin de su condena. Asimismo, deberá respetar todas aquellas reglas de conducta o medidas que, al decretar su libertad condicional, el juez de vigilancia le haya impuesto motivadamente. El artículo 90.5 del Código Penal precisa que estas reglas y medidas serán las previstas en el artículo 83, es decir, aquéllas que el juez sentenciador puede imponer en casos de

---

[183] Salvo que el peligro para la vida del preso sea patente.

[184] Mir Puig, C., *Derecho penitenciario. El cumplimiento de la pena privativa de libertad*, Barcelona, Atelier, 2015, p. 64.

[185] A juicio de Luis Roca Agapito, en su obra ya citada, es posible que un penado mayor de setenta años o un enfermo terminal obtengan la libertad condicional sin haber llegado a cumplir el periodo se seguridad, pues a tenor del artículo 36.2 del Código Penal, entiende que éste no es completamente preceptivo.

suspensión de la ejecución de la pena[186]. Respecto a la revocación de la libertad condicional el propio precepto 90.5 apunta que:

> "[La libertad condicional será revocada por el juez de vigilancia penitenciaria] cuando se ponga de manifiesto un cambio de las circunstancias que hubieran dado lugar a la suspensión que no permita mantener ya el pronóstico de falta de peligrosidad en que se fundaba la decisión adoptada".

También nos remite al artículo 86 del Código, en referencia a otras causas de revocación y en cuanto a la modificación de las prohibiciones o condiciones impuestas. Pues si durante el tiempo de libertad condicional el excarcelado no cumpliere con las mencionadas condiciones, dicha libertad le será revocada, por lo que reingresará en prisión, y en virtud del artículo 201.3 del Reglamento Penitenciario:

> "Le será de aplicación el régimen ordinario, hasta que por la Junta de Tratamiento se proceda nuevamente a su clasificación".

Y como señala Carlos Mir Puig, debe hacerse hincapié en que, tras la última reforma penal, revocada la libertad condicional:

> "El penado pierde todo el tiempo que hubiera pasado en libertad condicional, como ya ocurría en la redacción de la L.O. 5/2010 del art. 93.3 CP, sólo para el supuesto de libertad condicional concedida a los condenados por delitos de terrorismo que les fuera revocada"[187].

Es decir, que el tiempo disfrutado en libertad condicional no computará como tiempo de cumplimiento de la pena.

Cabe añadir que la duración de la libertad condicional será de dos a cinco años, no pudiendo ser inferior a la duración de la parte de la pena que falta por cumplir (artículo 90.5 del Código). Comenzando a computar el plazo de libertad condicional desde la fecha de puesta en libertad del condenado.

De este modo, una vez transcurrido el plazo de manera satisfactoria, se acordará la remisión de la pena —en virtud del artículo 87 del Código Penal, al cual nos remite el 90.5.

---

[186] Estudiadas *ut supra.*

[187] Mir Puig, C., *Derecho penitenciario, op. cit.*, p. 63.

Antes de finalizar este epígrafe, no debemos preterir que el actual Código Penal reserva su artículo 92 para profundizar acerca de la suspensión de la ejecución del resto de la pena en los casos de condenados a prisión permanente revisable. No obstante, a pesar de que incluye este artículo dentro de la rúbrica "De la libertad condicional", de la Sección 3 del Capítulo III del Título III del Libro Primero, y en algunas ocasiones emplea el término "libertad condicional", lo cierto es que en los supuestos de pena de prisión permanente revisable, la suspensión de su ejecución tiene como fin la excarcelación definitiva del reo tras la revisión de su pena, y no la excarcelación anticipada a modo de prueba de cara a la reinserción social del preso, propia de la libertad condicional.

En estos supuestos, son requisitos indispensables para la concesión de la suspensión los que siguen (artículo 92.1 del Código Penal):

a) Que el condenado haya cumplido 25 años de su pena, sin perjuicio de lo dispuesto en el apartado 2 del artículo 78 bis para los casos de concurso de delitos:

    i. Que el condenado haya cumplido 25 años de prisión, en los supuestos a que se refieren las letras a) y b) del apartado 1 del artículo 78 bis del Código[188].

    ii. Que el condenado haya cumplido 30 años de prisión, en el supuesto a que se refiere la letra c) del apartado 1 el artículo 78 bis[189].

b) Que esté clasificado en tercer grado.

---

[188] Artículo 78.1 bis del Código Penal:

"a) (...) cuando el penado lo haya sido por varios delitos, uno de ellos esté castigado con pena de prisión permanente revisable y el resto de las penas impuestas sumen un total que exceda de cinco años.

b) (...) cuando el penado lo haya sido por varios delitos, uno de ellos esté castigado con una pena de prisión permanente revisable y el resto de las penas impuestas sumen un total que exceda de quince años".

[189] Artículo 78 bis 1 del Código Penal:

"c) (...) cuando el penado lo haya sido por varios delitos y dos o más de ellos estén castigados con una pena de prisión permanente revisable, o bien uno de ellos esté castigado con una pena de prisión permanente revisable y el resto de penas impuestas sumen un total de veinticinco años o más".

c) Que el tribunal determine la existencia de un pronóstico favorable de resocialización. En el caso de condenados por varios delitos, este pronóstico favorable deberá serlo del conjunto de todos los perpetrados.

Por otra parte, en el supuesto de penados por delitos de terrorismo o cometidos en el seno de organizaciones criminales, se requiere que el condenado muestre evidentes signos de haber abandonado los fines y medios de la actividad terrorista y colabore de manera activa con las autoridades.

A tenor del 90.3 la suspensión de la ejecución tendrá una duración de entre 5 y 10 años, comenzando a computar desde la fecha de puesta en libertad del reo y será concedida por el juez o tribunal sentenciador[190] (inciso primero del artículo 90 del Código). Asimismo, durante el plazo suspensión, y a la luz de la modificación de las circunstancias iniciales, podrá éste imponerle al penado nuevos deberes o prohibiciones, así como modificar o revocar los ya impuestos (artículo 92.3 del Código).

En última instancia, el Código Penal asigna al juez de vigilancia penitenciaria la facultad de revocar la suspensión de la ejecución el resto de la pena y la libertad condicional cuando se produzca un cambio ostensible en las circunstancias que en su momento dieron lugar a la concesión de la suspensión.

---

[190] A este respecto indica Carlos Mir Puig que:

> "[si tal como parece, el órgano competente es el tribunal sentenciador] se estarían derogando los preceptos de la legislación penitenciaria que encomiendan al juez de vigilancia penitenciaria la concesión de la libertad condicional a los penados (así por ejemplo el artículo 76.2 b) LOGP)".

Ver Mir Puig, C., *Derecho penitenciario*, *op. cit.*, pp. 64 y 65.

11. CONCLUSIONES FINALES

Para dar término a esta investigación, debemos exponer que el problema del hacinamiento en las prisiones es especialmente alarmante en España, debido al gran número de presos, pues en el mes enero del año 2010, la población reclusa en nuestro país llegó a alcanzar la desmesurada tasa de 162 presos por cada 100.000 habitantes. Y según información oficial de la Administración Penitenciaria, en enero de 2011, el número de reclusos en todos los centros penitenciarios españoles ascendía a la cantidad de 73.476[191].

Sin embargo, nos complace poder afirmar que, según el Informe Anual del Defensor del Pueblo del año 2012, en nuestro país la población penitenciaria sigue menguando, pues, desde haber alcanzado la tasa más alta del milenio en el año 2009, con un total nacional de 76.079 reclusos, ha ido reduciéndose paulatinamente, hasta alcanzar los 68.652 reclusos en 2012, lo que implica una disminución del 10,3% en esos últimos tres años[192].

Y para continuar con esta tendencia a la disminución, abogamos sin duda por la aplicación de las alternativas anteriormente estudiadas, llegando incluso a optar por la aplicación de la medida de trabajos en beneficio de la comunidad como alternativa a las penas de prisión relativamente severas, dado el carácter estricto y disciplinado de dicha medida[193]. Incluso propugnamos la no necesidad del consentimiento del penado para aplicarla, pues no resultaría inconstitucional ni dañina para el mismo la aplicación directa de esta medida sustitutoria, sino todo lo contrario, puesto que, en base a lo expuesto en el epígrafe 9.2.1.3, puede aportar al condenado y a las víctimas mayores ventajas que el internamiento del primero en una penitenciaría.

Además, entendemos que la aplicación de las alternativas estudiadas está en consonancia con la época contemporánea y la actual evolución del Derecho penal y de las penas, que buscan siempre la reinserción social del individuo infractor, tratando de rescatarlo, en muchas ocasiones, de una espiral de delincuencia que, en la mayoría de

---

[191] De los cuales 26.182 (un 35,58%) eran extranjeros; y 13.708 (es decir, el 18,63%) eran preventivos.

[192] Véase el Informe Anual del Defensor del Pueblo: Mecanismo Nacional de Prevención de la Tortura, Madrid, Imprenta Nacional Agencia Estatal Boletín Oficial del Estado, 2013, p. 77.

[193] Tal y como señala Brandariz García en su obra *La sanción penal de trabajos en beneficio de la comunidad*, op. cit., p. 104.

los casos, y como afirma Michael Foucault, no hace más que agravarse a través de la estancia en prisión[194], la cual, además, llega a ocasionar al reo problemas de índole psicológica y social, tal como indicamos en el epígrafe 7.

Y en el caso de penados afectados de problemas añadidos, tales como el alcoholismo o la drogodependencia, sobra decir que, consecuentemente con lo expuesto, propugnamos la aplicación de aquellas medidas necesarias —normalmente se tratará del internamiento en centros de deshabituación— para liberarlos de las respectivas adicciones. Y, *a posteriori,* llevar a cabo por parte del juez una revisión de la situación actual del sujeto, para acordar bien la suspensión de la pena aplicable al delito cometido; bien su sustitución por otra más benigna; o bien su ejecución, si lo estima preciso.

En último lugar, sólo resta afirmar que, a tenor de lo manifestado, se hace patente nuestra actitud recelosa ante la pena de prisión, si bien pecaríamos de fingida ingenuidad si no reconociésemos la indudable necesidad de la existencia de las prisiones, pues tal y como se apunta en la Exposición de Motivos del Proyecto de la Ley Orgánica General Penitenciaria:

> "Las prisiones son un mal necesario".

[194] Foucault, M., *Microfísica del poder*, *op. cit.*, p. 90.

BIBLIOGRAFÍA

Albalate, J. J., "El trabajo en beneficio de la comunidad como alternativa a la prisión. Entre la aceptación y el rechazo", en *Revista Internacional de Sociología*, vol. 67, nº 2, 2009, pp. 373-390.

Asencio Catisán, H., "La intervención judicial en la ejecución penal desde una perspectiva resocializadora", en *Poder y Control*, nº 3, Barcelona 1987.

Balaguer Santamaría, J., "Derechos humanos y privación de libertad: en particular, dignidad, derecho a la vida y prohibición de torturas", en vv.aa., *Cárcel y derechos humanos. Un enfoque relativo a la defensa de los derechos fundamentales de los reclusos*, Barcelona, J. M. Bosch Editor, 1992, pp. 105 y ss.

Barquín Sanz, J., *Los delitos de tortura y tratos inhumanos o degradantes*, Madrid, Edersa, 1992.

Beccaria, C., *De los delitos y las penas*, Madrid, Aguilar, 1974.

Beristain, A., "Las cárceles del mundo nos exigen más atención, sinceridad y colaboración", en *Revista del Instituto Latinoamericano de las Naciones Unidas para la Prevención del Delito y Tratamiento del Delincuente*, nº 23 y 24, San José, Ilanud, 1988-1989, pp. 77 y 78.

Brandariz García, J. A., *La sanción penal de trabajos en beneficio de la comunidad*, Valencia, Tirant lo Blanch, 2009.

Cabrera Cabrera, P. J., "Cárcel y exclusión", en *Revista del Ministerio de Trabajo y Asuntos Sociales*, nº 35, 2002.

Cressey, D. R., *The prison studies in institutional organization and change*, Nueva York, Rinhehart & Winston, 1961.

Cuello Calón, E., *Derecho penal. Parte general,* Tomo I, Barcelona, Bosch, 1945.

— *La moderna penología*, Barcelona, Bosch, 1958.

Cuerda Riezu, A., *La cadena perpetua y las penas muy largas de prisión: por qué son inconstitucionales en España*, Barcelona, Atelier, 2011.

Delgado del Rincón, L. E., "La constitucionalización de la reeducación y la reinserción social como fin de las penas privativas de libertad", en Carcedo González, R. J. y Reviriego Picón, F., *Reinserción, derechos y tratamiento en los centros penitenciarios*, Salamanca, Amarú Ediciones, 2007, pp. 85 y ss.

Díez González, P. R. y Álvarez Díaz, J. A., *Los efectos psicosociales de la pena de prisión*, Valencia, Tirant lo Blanch, 2009.

Falcón y Tella, M. J. y Falcón y Tella, F., *Fundamento y finalidad de la sanción: ¿un derecho a castigar?*, Madrid, Marcial Pons, 2005.

Feuerbach, P. J. A. R. V., *Tratado de Derecho penal común vigente en Alemania*, trad. de Zaffaroni E. R. y Hegemeirer I., Buenos Aires, Hammurabi, 1989.

Foucault, M., *Microfísica del poder*, trad. de Julia Varela y Fernando Álvarez Uría, Madrid, Las Ediciones de la Piqueta, 1980.

— *Vigilar y castigar*, México, Siglo XXI, 1996.

Gamboa de Trejo, A., *La pena de prisión (teoría y prevención)*, Xalapa, Dirección Editorial de la Universidad Veracruzana, 2005.

García-Pablos de Molina, A., "La supuesta función resocializadora del Derecho penal", en *Anuario de Derecho penal y ciencias penales*, Tomo 32, 1979, p. 695.

— "La prevención del delito en un Estado social y democrático de derecho", en *Estudios penales y criminológicos*, nº 15, 1990-1991, pp. 84 y 85.

— "La prevención del delito y los principales centros de interés de la moderna criminología", en *Archivos de criminología, criminalística y seguridad privada*, nº 1, 2008, p. 2.

García Valdés, C., *Estudios de Derecho penitenciario*, Madrid, Tecnos, 1982.

— *Comentarios a la legislación penitenciaria*, Madrid, Civitas, 1982.

Garrido Guzmán, L., *Manual de ciencia penitenciaria*, Madrid, Edersa, 1983.

González Placencia, L., *Manual de derechos humanos del interno en el sistema penitenciario mexicano*, México, Comisión Nacional de Derechos Humanos, 1995.

Hammarberg, Th., "Time to re-examine the use of life sentences", Viewpoints, 2007, www.coe.int/commissioner/Vierwpoints/previous2007_en.asp.

Hassemer, W., *Fundamentos del Derecho penal*, trad. de Muñoz Conde, F. y Arroyo Zapatero, L., Barcelona, Bosch, 1984.

Kant, I., *Lo bello y lo sublime-La paz perpetua*, Madrid, Espasa-Calpe, 1964.

Kury, H. y Brandestein, M., "Sobre la cuestión de una nueva punitividad. Actitudes sancionadoras y política sancionadora", en vv.aa., *Derecho penal y Criminología como fundamento de la política criminal. Estudios en homenaje al Profesor Alfonso Serrano Gómez*, Madrid, Dykinson, 2006, pp. 369 y ss.

Liszt, F. V., *Tratado de Derecho penal*, trad. de Jiménez de Asúa, L., Madrid, Reus, 1929.

Mir Puig, C., *Derecho penitenciario. El cumplimiento de la pena privativa de libertad*, Barcelona, Atelier, 2015.

Mir Puig, S., *Introducción a las bases del Derecho penal. Concepto y método*, Barcelona, Bosch, 1976.

— *Función de la pena y teoría del delito en el Estado social y democrático de Derecho*, Barcelona, Bosch, 1982.

— "¿Qué queda en pie de la resocialización?", en *Eguzkilore*, núm. extraordinario 3, 1989, p. 39.

Montesinos y Molina, M., "Bases en las que se apoya mi sistema penal", en *Revista de estudios penitenciarios*, número 159, 1962, pp. 290 y ss.

Muñoz Conde, F., "Adiciones de Derecho español a H. H. Jescheck", en *Tratado de Derecho penal. Parte general*, vol. 2, Barcelona, Bosch, 1981, p. 1071.

Muñoz López, M., Vázquez Velarde, C. y Vázquez J. J., *Los límites de la exclusión. Estudio sobre los factores económicos, psicosociales y de salud que afectan a las personas sin hogar en Madrid*, Madrid, Ediciones Témpora, 2003.

Neumann, E., *Mediación y conciliación penal*, Buenos Aires, Depalma, 1997.

Peña Mateos, J., "Antecedentes de la prisión como pena privativa de libertad en Europa hasta el siglo XVII", en vv.aa., *Historia de la prisión. Teorías economicistas. Crítica*, Madrid, Edisofer, 1997.

Quevedo, F., *La hora de todos*, XIII, Madrid, Luarna Ediciones S.L., 2010.

Quintero Olivares, G., "El delincuente violento y la función de la pena de prisión", en *Revista del Instituto Universitario de Investigación en Criminología y Ciencias Penales de la Universidad de Valencia*, 2009.

Reviriego Picón, F., "Los derechos fundamentales del recluso en la jurisprudencia constitucional", en Carcedo González, R. J. y Reviriego Picón, F., *Reinserción, derechos y tratamiento en los centros penitenciarios*, Salamanca, Amarú Ediciones, 2007.

Roca Agapito, L., *El sistema de sanciones en el Derecho penal español*, Barcelona, Bosch Editor, 2007.

Roxin, C., "El desarrollo de la política criminal desde el proyecto alternativo", en P*olítica criminal y reforma del Derecho penal*, Bogotá, Temis, 1982, pp. 5 y ss.

— *La teoría del delito en la discusión actual*, Lima, Grijley, 2007.

Ruiz Rodríguez, I., "Evolución histórica de las penas privativas de libertad", en vv.aa., *Historia de la prisión. Teorías economicistas, Crítica*, Madrid, Edisofer, 1997.

Sykes, G. y Messinger, S., "The inmate social system", en *Theoretical studies in social organization of the prison*, Nueva York, Social Science Research, 1960.

Tamarit Sumalla, J. M., y otros, *Curso de Derecho penitenciario*, Valencia, Tirant lo Blanch, 2001.

Terragni, M. A., *Muerte - Prisión y otras sanciones penales*, Rosario, Zeus Editora, 1990.

Tomás y Valiente, F., *El Derecho penal en la monarquía absoluta* (siglos XVI, XVII y XVIII), Madrid, Tecnos, 1992.

Torío López, Á., "La prohibición constitucional de las penas y tratos inhumanos o degradantes", en *Poder Judicial*, nº 4, diciembre 1986.

Wheeler, S., "Socialization in correctional communities", en *American Sociological Review*, vol. 26, 1961.

Zaffaroni, E. R., *Manual de Derecho penal*, Buenos Aires, Ediar, 1979.

APÉNDICE DE INSTRUMENTOS NORMATIVOS INTERNOS

Constitución española de 1978.

Proyecto de la Ley Orgánica General Penitenciaria, 1978.

Ley Orgánica 1/1979, de 26 de septiembre, General Penitenciaria.

Ley Orgánica 6/1985, de 1 de julio, del Poder Judicial.

Ley Orgánica 10/1995, de 23 de noviembre, del Código Penal.

Real Decreto 190/1996, de 9 de febrero, por el que se aprueba el Reglamento Penitenciario.

Ley Orgánica 15/2003, de 25 de noviembre, por la que se modifica la Ley Orgánica 10/1995, de 23 de noviembre, del Código Penal.

Ley Orgánica 5/2010, de 22 de junio, por la que se modifica la Ley Orgánica 10/1995, de 23 de noviembre, del Código Penal.

Real Decreto 840/2011, 17 de junio, por el que se establecen las circunstancias de ejecución de las penas de trabajo en beneficio de la comunidad y de localización permanente en centro penitenciario, de determinadas medidas de seguridad, así como de la suspensión de la ejecución de la penas privativas de libertad y sustitución de penas.

Ley Orgánica 1/2015, de 30 de marzo, por la que se modifica la Ley Orgánica 10/1995, de 23 de noviembre, del Código Penal.

APÉNDICE DE INSTRUMENTOS INTERNACIONALES

Declaración Universal de los Derechos Humanos, firmada en París en 1948.

Convenio Europeo para la protección de los Derechos Humanos y de las Libertades Fundamentales de 1950.

Primer Congreso de Naciones Unidas sobre Prevención del Delito y Tratamiento del Delincuente, celebrado en Ginebra en el año 1955.

Reglas Mínimas para el Tratamiento de los Reclusos, adoptadas por el Primer Congreso de las Naciones Unidas sobre Prevención del Delito y Tratamiento del Delincuente celebrado en 1955.

Pacto Internacional de Derechos Civiles y Políticos de 1966.

Resolución (76) 2 del Consejo de Europa sobre el tratamiento de reclusos sometidos a privación de libertad de larga duración, adoptada el 17 de febrero de 1976.

Sexto Congreso de Naciones Unidas sobre Prevención del Delito y Tratamiento del Delincuente, celebrado en Caracas en 1980.

Convención contra la Tortura y Otros Tratos o Penas Crueles, Inhumanos o Degradantes, hecha en Nueva York el 10 de diciembre de 1984.

Resolución de la Asamblea General de las Naciones Unidas 43/173, de 9 de diciembre de 1988, por la que se aprueba el Conjunto de Principios para la Protección de Todas las Personas Sometidas a Cualquier Forma de Detención o Prisión.

Carta de los Derechos Fundamentales de la Unión Europea de 2000.

Comité Europeo para la Prevención de la Tortura y de las Penas o Tratos Inhumanos o Degradantes, Undécimo Informe General de Actividades, relativo al período del 1 de enero al 31 de diciembre de 2000, hecho público el 3-9-2001, p. 17.

Vigesimocuarta Conferencia de Ministros Europeos de Justicia, Moscú, 4 y 5 de octubre de 2001, Boletín de Información Penológica, nº 23 y 24, 2002, p. 12.

Convenio Europeo para la Prevención de la Tortura y de las Penas o Tratos Inhumanos o Degradantes de 2002.

APÉNDICE DE RESOLUCIONES JUDICIALES

DE LA AUDIENCIA PROVINCIAL DE MADRID:

Auto de la Audiencia Provincial de Madrid de 15 de febrero de 1990.

DE LA AUDIENCIA NACIONAL:

Sentencia de la Audiencia Nacional de 11 de marzo de 2005.

DEL TRIBUNAL SUPREMO:

Sentencia del Tribunal Supremo 1325/1992, de 30 de mayo (RJ 1992\5034).

Sentencia del Tribunal Supremo 3050/2000, de 11 de abril.

DEL TRIBUNAL CONSTITUCIONAL ESPAÑOL:

Sentencia del Tribunal Constitucional 65 /1986, de 22 de mayo.

Sentencia del Tribunal Constitucional 2/1987, de 21 de enero.

Sentencia del Tribunal Constitucional 192/1987, de 2 de diciembre.

Sentencia del Tribunal Constitucional 28/1988, de 23 de febrero.

Sentencia del Tribunal Constitucional 120/1990, de 27 de junio.

Sentencia del Tribunal Constitucional 57/1994, de 28 de febrero.

Sentencia del Tribunal Constitucional 183/1994, de 20 de junio.

Sentencia del Tribunal Constitucional 197/1994, de 4 de julio.

Sentencias del Tribunal Constitucional 170/1996, de 29 de octubre.

Sentencia del Tribunal Constitucional 60/1997, de 18 de marzo.

Sentencia del Tribunal Constitucional 128/1997, de 14 de julio.

Sentencia del Tribunal Constitucional 175/1997, de 27 de octubre.

Sentencia del Tribunal Constitucional 201/1997, de 25 de noviembre.

Sentencia del Tribunal Constitucional 58/1998, de 16 de marzo.

Sentencia del Tribunal Constitucional 188/1999, de 25 de octubre.

Sentencia del Tribunal Constitucional 91/2000, de 30 de marzo.

Sentencia del Tribunal Constitucional 162/2000, de 12 de junio.

Sentencia del Tribunal Constitucional 235/2005, de 26 de septiembre.

Sentencia del Tribunal Constitucional 171/2013, de 7 de octubre.

Sentencia del Tribunal Constitucional 23/2014, de 13 de febrero de 2014.

Auto del Tribunal Constitucional 15/1984, de 11 de enero.

Auto del Tribunal Constitucional 486/1985, de 10 de julio.

DEL TRIBUNAL CONSTITUCIONAL FEDERAL ALEMÁN:

Sentencia del Tribunal Constitucional Federal Alemán de 21 de junio de 1977.

DEL TRIBUNAL EUROPEO DE DERECHOS HUMANOS:

Sentencia del Tribunal Europeo de Derechos Humanos, de 4 de diciembre de 2007, *Dickson c. Reino Unido.*

INFORMES

Informe Anual del Defensor del Pueblo: Mecanismo Nacional de Prevención de la Tortura, Madrid, Imprenta Nacional Agencia Estatal Boletín Oficial del Estado, 2013, p. 7.

FSC
www.fsc.org
MIX
Papier | Fördert gute Waldnutzung
FSC® C083411

Kolibri 360 GmbH
Ferdinand-Jühlke-Straße 7
99095 Erfurt, Deutschland
produktsicherheit@kolibri360.de

Druck:
CPI Druckdienstleistungen GmbH
im Auftrag der
Kolibri 360 GmbH
Ferdinand-Jühlke-Str. 7
99095 Erfurt